Labyrinth Tokio

*Für meine verstorbene Mutter
und meinen Vater.*

Labyrinth Tokio

38 Touren in und um Japans Hauptstadt

von

Axel Schwab

Ein Führer mit 95 Bildern, 42 Karten,
300 Internetlinks und 100 Tipps.

München

2019

Bibliografische Information der Deutschen Nationalbibliothek:
Die Deutsche Nationalbibliothek verzeichnet diese Publikation
in der Deutschen Nationalbibliografie; detaillierte bibliografische
Daten sind im Internet über http://dnb.dnb.de abrufbar.

© 2008–2019 Axel Schwab, München
Alle Rechte vorbehalten.

Coverdesign, Fotos, Karten, Layout und Texte: Axel Schwab
Autorenfoto: © Ulrike Frömel
Coverfoto: © f11photo – stock.adobe.com
U-Bahn-Karte: © Verkehrsbüro Präfektur Tokyo, Tokyo Metro Co., Ltd.

8. Auflage, 2019

Herstellung und Verlag:
BoD – Books on Demand, Norderstedt

ISBN-13: 978-3-8370-6628-9

Vorwort

Tokio ist eine Stadt der Gegensätze. In keiner anderen Stadt der Welt existieren Tradition und Gegenwart so nahe und im Einklang nebeneinander. Trotzdem erscheint es für unsere europäischen Augen oft ungewohnt, wenn sich neben einem viele hundert Jahre alten Schrein ein moderner Wolkenkratzer erhebt. Ganz gleich ob Sie als Tourist nur eine Woche oder als Entsandter mehrere Jahre in Tokio sind, lassen Sie sich mit den im Buch vorgeschlagenen Touren in das Japan zwischen Mythos und Moderne entführen. Dies ist kein gewöhnlicher Reiseführer mit Anspruch auf Vollständigkeit in der Beschreibung aller möglichen Sehenswürdigkeiten, Restaurants und Hotels. Trotzdem wurde selbstverständlich keine wichtige Attraktion ausgelassen. Wert wurde vor allem auf interessante Erkundungstouren durch die Stadt gelegt, angereichert mit historischen und kulturellen Hintergründen sowie Informationen zu architektonischen Highlights. Zusätzlich enthalten sind Sehenswürdigkeiten, die Sie in einem normalen Reiseführer vergeblich suchen werden. Trotzdem bleibt Ihnen entlang der in die Karten eingezeichneten Routen noch genügend Freiraum für eigene Entdeckungen. Das Buch besteht im Wesentlichen aus zwei Teilen. In den **Kapiteln 1–29** werden Touren im Zentrum von Tokio beschrieben. In den **Kapiteln 30–38** erkunden wir dann die nähere Umgebung. Postsymbole ⊕ markieren Postämter mit ATM, dort kommen Sie mit der Kreditkarte an Bargeld. Die im Buch enthaltenen Karten können keinen großen Stadtplan oder eine Navigation mit dem Smartphone ersetzen. In den Karten von 20 Kapiteln führen **Kurzlinks** und deren **QR-Codes** zu Online-Karten. Einen Kurzlink nutzen Sie schneller, indem Sie die vierstellige Zeichenfolge immer direkt auf der Startseite von **www.gomap.de** eingeben. In den Online-Karten sind alle im Buch beschriebenen Highlights und Routen beinhaltet, außerdem zusätzliche Empfehlungen für Restaurants, Cafés, Geschäfte und Hotels sowie fortwährend Updates.

Tipp: Zu allen Sehenswürdigkeiten ist die Telefonnummer abgedruckt. Wenn Sie diese in Tokio bei **Google Maps** oder in **Apples Karten-App** eingeben, finden Sie damit sicher die richtige Adresse. Das funktioniert auch im Taxi und bei Navigationsgeräten von Mietwagen. Falls Sie die Funktion bei Google Maps zu Hause testen wollen, müssen Sie die Sprache auf Japanisch umstellen.

Ich habe bewusst entschieden, dieses Buch **ohne Farbfotos** zu drucken, um Ihnen aktuelle und detaillierte Informationen zum günstigen Preis anbieten zu können. Machen Sie möglichst unbeeinflusst **eigene Bilder** während Ihrer Reise. *Tipp:* Möchten Sie dennoch Anregungen, gibt es in jeder Karte ein **Hashtag-Symbol (#)**. Zugehörige Instagram-Bilder sind erreichbar über **Kurzlink ht**, also beispielsweise **www.gomap.de/ht25** für Kapitel 25. Falls Sie Wartezeiten und große Menschenansammlungen solcher für Selfies beliebten Orte nicht mögen, besuchen Sie diese möglichst früh am Morgen.

Starbucks gibt es an jeder Ecke, doch möchte ich Ihnen die vielfältige Kaffeekultur in Tokio näherbringen. Sie finden pro Kapitel ein Café-Symbol in der Karte, mehr Infos über **Kurzlink tc** und **Kapitelnummer**, zum Beispiel **www.gomap.de/tc05** für Kapitel 5.

Die im Buch enthaltenen Angaben und Tipps habe ich nach bestem Wissen zusammengetragen und sorgfältig überprüft, dennoch übernehme ich keine Haftung für Fehler.

Tokio ist eine lebendige Stadt, die ständiger Veränderung unterworfen ist. Ich freue mich daher auf jede Art von Hinweisen zur Aktualisierung und Verbesserung dieses Buches per E-Mail an **tokio@axelschwab.de**.

Axel Schwab, Dezember 2018

Inhaltsverzeichnis

Kapitel	Startbahnhof	Seite
Sechs Wege um schnell Ihre Touren auszuwählen		7
Karte Tokio Stadtzentrum		8
U-Bahn-Streckennetz		9
Erläuterungen zu Karten und Öffnungszeiten		9

Tokio Stadtzentrum

Kapitel	Startbahnhof	Seite
1. Schnellzug Shinkansen und alter Tokaido	Shinagawa	10
2. Tokio von oben und Shogunen-Gräber	Hamamatsucho	12
3. Eisenbahngeschichte und Hama-Rikyu-Park	Shimbashi	14
4. Ginza – Die alte Flaniermeile Tokios	Yurakucho	16
5. Ein Besuch beim japanischen Kaiser	Tokio	18
6. Akihabara Electric Town – Roboter und Maids	Akihabara	20
7. Ueno – Museen und der Zoo	Ueno	22
8. Große Tempel und kleine Läden in Yanaka	Nippori	24
9. Tokyo Skytree Town in Mukojima	Oshiage	26
10. Sunshine City in Ikebukuro	Ikebukuro	28
11. Aoyama-Tour – Luxus, Kunst und Zazen	Omotesando	30
12. Das Wolkenkratzerviertel in Shinjuku	Shinjuku	32
13. Meiji-Schrein und junges, verrücktes Japan	Harajuku	34
14. Shopping und die Jugend Japans	Shibuya	36
15. Museen für Fotografie und für Bier	Ebisu	38
16. Eine grüne Oase mitten in Tokio	Meguro	40
17. Gemütliches Tokio – Kiyosumi und Ningyocho	Kiyosumi-Shirakawa	42
18. Vom Buchladen- zum Teewasserviertel	Jimbocho	44
19. Parlament und der Yasukuni-Schrein	Akasaka-Mitsuke	46
20. Die Geschichte von den 47 Ronin	Sengakuji	48
21. Der Tempelbezirk Asakusa	Asakusa	50
22. Tolle Aussicht und das Druckerei-Museum	Kasuga	52
23. Neue Wolkenkratzer und ein alter Friedhof	Roppongi	54
24. Fischmärkte in Tsukiji und Toyosu	Tsukiji	56
25. Stadt auf einer künstlichen Insel im Meer	Odaiba Kaihin-Koen	58
26. Sumida-ku – Sumoringer und die Edo-Zeit	Ryogoku	60
27. Drei Gärten und die Villa eines Industriellen	Kami-Nakazato	62
28. Nihombashi – Japan´s Mittelpunkt	Nihombashi	64
29. Lockere Atmosphäre in Kichijo-ji	Kichijo-ji	66

Kapitel	Startbahnhof	Seite
Tokio Umgebung		
30. China Town und ein Friedhof für Ausländer	Motomachi-Chukagai	70
31. Minato Mirai 21 – Der Hafen von Yokohama	Sakuragicho	68
32. Die historische Hauptstadt Kamakura	Kamakura	72
33. Enoshima – Eine Insel für Verliebte	Enoshima	74
34. Museumsdörfer und Gärten in Tokios Westen	Musashi-Koganei	76
35. Kawagoe – Alte Häuser und Glockenturm	Kawagoe	78
36. Hakone – Onsen und brodelnder Schwefel	Hakone	80
37. Nikko – Die Tempelstadt in den Bergen	Nikko	82
38. Fuji-san – Japans heiliger Berg	–	86

Anhang

Jahreskalender – Wann mache ich was?	88
Auswahlhilfe persönliche Interessen, Tourenkombination und Kapitel Top 10	89
Links & Meine Top 10	90
Register	96
Der Autor, noch mehr Tipps und Danksagung	100

Sechs Wege um schnell Ihre Touren auszuwählen

Karte Tokio Stadtzentrum
a) In der Karte auf der folgenden Seite finden Sie heraus, welche Touren Ihrem Hotel oder aktuellen Ort am nächsten liegen.

Nach Wochentag
b) Falls Sie das Maximale aus jeder Tour herausholen wollen, achten Sie im Titel der Kapitel auf die aufgeführten Wochentage.

Anhang (Seite 88)
c) Auswahl mit Hilfe des »Jahreskalender – Wann mache ich was?«. Falls Sie Feste und Veranstaltungen besuchen möchten.

Anhang (Seite 89)
d) Persönliche Interessen
Ich empfehle hier die Reihenfolge der Kapitel ganz nach Ihren persönlichen Interessen. Durch Zuhilfenahme der Liste »**Empfohlene Kapitelreihenfolge**« finden Sie schnell die für Sie interessanten Kapitelnummern.

e) Tourenkombinationen (Sternsymbol)
Möchten Sie gleich zwei Touren miteinander kombinieren? Hier mache ich 10 Vorschläge, die sich dafür besonders gut eignen.

f) Die Top 10 der Kapitel

Karte Tokio Stadtzentrum

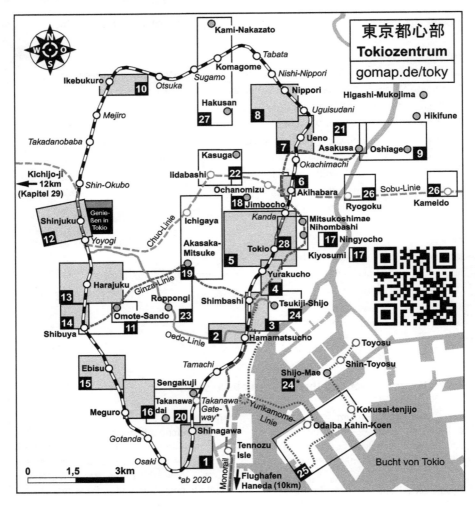

Das Stadtzentrum von Tokio hat ein weltweit einmalig ausgebautes Bahnnetz. Die beste Bahnlinie, um Tokio zu erkunden, ist die zwischen 1885 und 1925 erbaute Ringlinie Yamanote. Für die 35 km lange Strecke mit ihren 29 Bahnhöfen benötigt man circa eine Stunde. Die Hälfte der Touren im Stadtzentrum Tokios beginnen und enden an einem Bahnhof der Yamanote-Linie.

Tagsüber fahren die Züge alle 4–5 Minuten und während der Rushhour am Morgen (6:30–9:30 Uhr) sogar alle 2–3 Minuten.

Tipp: Yamanote-Bahnhöfe haben kostenloses WLAN und sind groß, weshalb ich über **www.gomap.de** die 3D-Stationspläne verlinkt habe. Geben Sie dazu den vierstelligen Stationscode in Kleinbuchstaben ein, zum Beispiel **www.gomap.de/jy05** für Ueno.

U-Bahn-Streckennetz

Auf dem Buchumschlag finden Sie den relevanten Ausschnitt der Karte des U-Bahn-Streckennetzes. Diese Karte bekommen Sie auch kostenlos an vielen Stellen vor Ort. Da selbst diese Karten oft nur mit Lesebrille zu verwenden sind, können Sie hier die Karte runterladen und im A3-Format ausdrucken:
www.gomap.de/tmet
Auch dann besteht für Neulinge in Tokio die Herausforderung, in der Karte die gewünschten Stationen und Verbindungen zu finden. Installieren Sie sich am besten vorab auf Ihr Smartphone diese sehr gute App, die auch offline funktioniert:
www.gomap.de/tapp
Tipp: Die App zum Finden der Verbindungen deckt leider nur die U-Bahn-Linien ab und enthält nicht die Stationen der JR-Linien. Google Maps ist hier eine gute Alternative.

Tipp: Kaufen Sie sich unbedingt gleich nach Ankunft eine Prepaidkarte für die öffentlichen Verkehrsmittel. Diese Karten gibt es an jedem JR-Bahnhof (**Suica**) oder den U-Bahn-Stationen (**PASMO**) und sie funktionieren bei allen JR-Bahnen, Metro- und Privatlinien sowie Bussen und manchen Geschäften. Die Prepaidkarten können am Fahrkartenautomaten mit Bargeld wieder aufgeladen werden. Die Fahrpreise sind mit Prepaidkarten günstiger, weil Barpreise für Tickets aufgerundet werden. Vor der Rückreise lassen Sie sich den Restbetrag sowie das beim Kauf abgezogene Pfand von 500 ¥ rückerstatten.
Tipp: Bei Regen lohnt ein Tagesticket der U-Bahn, um Orte mit Schirm-Symbol zu besuchen. Über die erwähnten Ausgänge brauchen Sie keinen Schirm. Beispiel für U-Bahn-Station Ginza, Ausgang A12: **G09☂A12**

Erläuterungen zu Karten und Öffnungszeiten

Die in der Karte des Stadtzentrums von Tokio eingezeichneten Zahlen beziehen sich auf die Kapitelnummern in diesem Buch. In den Kartenausschnitten der Buchkapitel sind die einzelnen Stationen jeder beschriebenen Tour in der vorgesehenen Reihenfolge durchnummeriert. Diese Ziffern sind mit den Nummern der Unterkapitel identisch und erleichtern so die Zuordnung auch in Karten, bei denen kein Platz war, alle Stationsnamen im Klartext zu beschreiben. Der Startbahnhof ist somit immer mit einer »1« gekennzeichnet. Falls in einem Unterkapitel mehrere Orte behandelt werden, sind den Zahlen zusätzlich Kleinbuchstaben hinzugefügt und die Ortsnamen wurden durch Fettdruck hervorgehoben. Die empfohlene Route ist durch eine gepunktete Linie dargestellt. U-Bahn-Stationen sind durch ein kleines Zugsymbol gekennzeichnet und nur teilweise ausgeschrieben. Zur Bezeichnung der Bahnhöfe wird in den Detailkarten und Texten der neu eingeführte Bezeichnungscode verwendet. Er besteht aus Buchstaben für die Linie und zwei Ziffern für den Bahnhof. Durch den Bezeichnungscode findet man die entsprechende Station einfacher in der Karte des U-Bahn-Streckennetzes auf der Umschlagsseite.

Fällt bei einem Museum der Ruhetag auf einen Feiertag, dann ist meistens trotzdem geöffnet und am Folgetag geschlossen. Bei den angegebenen Öffnungszeiten bitte beachten, dass 30 Minuten vor Schließung kein Einlass mehr gewährt wird.
Tipp: Ab 65 Jahre gibt es bei vielen Museen, Gärten und Parks ermäßigten Eintritt.
Tipp für Kapitel 36–38: Machen Sie diese Touren möglichst an einem Werktag, da an Wochenenden und Feiertagen die Attraktionen überfüllt sind und die hierfür nötigen Busfahrten wegen Staus viel länger dauern.

1. Schnellzug Shinkansen und alter Tokaido   Di Mi Fr Sa   **4 km**

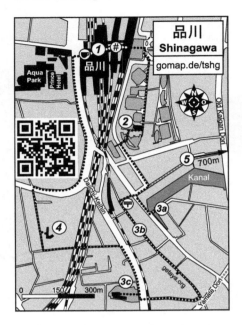

Shinagawa Grand Commons

1.1. Bahnhof Shinagawa [JY25]

Vor der Industrialisierung Japans war **Shinagawa** eine Vorstadt von Tokio und zugleich die erste Poststation auf dem Handelsweg **Tokaido (3b)** nach Osaka. Solch eine Poststation zeichnete sich durch eine Anzahl von Herbergen und Kaufläden aus, was sich in Shinagawa bis heute erhalten hat. Seit über zehn Jahren starten und halten einige der **Shinkansen-Schnellzüge** nach Süden auch im neuen Shinagawa-Terminal.

Am östlichen Bahnhofsausgang **Konan Exit** ist durch zahlreiche Neubauprojekte eine moderne und geschäftige Bürostadt mit dem Namen **Grand Commons** entstanden.

Wir verlassen den **Bahnhof Shinagawa** in östlicher Richtung über den **Konan Exit** und biegen sogleich rechts in den **Skywalk** ein, der die Bürohäuser untereinander verbindet. Nach knapp 5 Minuten sind wir fast am Ende des Skywalks angelangt; hier steht rechts ein großes Bürogebäude von Canon.

1.2. Canon Plaza S

Während im hinteren Hochhaus die Marketingzentrale des Drucker- und Fotoherstellers **Canon** untergebracht ist, befindet sich davor im unteren Stockwerk die **Canon Gallery S**, hier finden wechselnde Fotografie-Ausstellungen statt. Für Technikfreaks dürfte die sogenannte **Canon Plaza S** sehr interessant sein, die man vom **Skywalk** als erstes erreicht. Hier stellt Canon seine aktuellen Produkte aus. Neben dem vollen Programm digitaler Kameras sind zahlreiche Drucker ausgestellt. *Tipp:* Wenn man etwas Glück hat und eine Angestellte im Showroom fragt, wird einem diese ein eigenes »Testbild« in Hochglanz kostenlos ausdrucken.

Canon Gallery S und Canon Plaza S täglich 10–17:30 Uhr, an Sonn- und Feiertagen geschlossen, Eintritt frei.
www.gomap.de/tcst   03-6719-9022

Blick von der Kita-Shinagawa-Brücke

1.3. Das alte Shinagawa

Nach so viel moderner Technik wollen wir uns nun auf die Spuren des alten Japans machen, das ganz in der Nähe in Teilen erhalten ist. Die alte Stadt Shinagawa lag etwa 1 km südlich des heutigen Bahnhofs, und obwohl sich das Stadtbild durch viele Neubauten wandelte, ist dort bis heute die Atmosphäre der guten alten Zeit spürbar.

Shinagawa-Schrein

Von der **Kita-Shinagawa-Brücke (3a)**, die sich über einen leicht modrigen Kanal spannt, blicken Sie auf Boote sowie eine Reihe alter Holzhäuser. Man sagt, dies sei eine der schönsten Aussichten in Shinagawa. **Tipp:** Einige der Boote lassen sich für ein Dinner in der Tokiobucht buchen.   03-3471-9267
Selbst der **alte Tokaido (3b)** besteht in Abschnitten bis heute in seiner Originalbreite, während er von Läden und Restaurants gesäumt wird. Insbesondere den Laden **Getaya** für traditionelle japanische Schuhe *geta* sollten Sie sich ansehen. 03-3471-3964
Nachdem wir die Tokaido-Straße ein Stück in südliche Richtung gelaufen sind, biegen wir kurz vor der breiten Straße in westliche Richtung ab und gehen unter der Keikyu-Linie hindurch. Auf der gegenüberliegenden Seite der Straße stoßen wir direkt auf den **Shinagawa-Schrein (3c)**.   03-3474-5575
Bemerkenswert ist hier ein Hügel, der eine Nachbildung des Fuji-san darstellt. Weiter geht es danach zum Hara Museum, der Weg dorthin führt über eine Bahnüberführung.

1.4. Hara Museum of Contemp. Art

Das **Hara Museum of Contemporary Art** zeigt zeitgenössische Kunst. Das in einem Wohngebiet liegende Museumsgebäude wurde 1938 als Privathaus in Anlehnung an den Bauhausstil errichtet. Außer der Dauerausstellung wechseln alle ein bis zwei Monate Werke verschiedener Künstler. **Das Museum wird leider ab Januar 2021 geschlossen sein.**
Di–So 11–17 Uhr, Mi bis 20 Uhr, Eintritt 1100 ¥.
www.haramuseum.or.jp   03-3445-0651

1.5. Tennozu-Isle   +2 km

Wer sich für Architektur und Kunst interessiert, macht sicherlich noch einen Abstecher zur **Tennozu-Isle**. Dazu laufen Sie die mit dem Pfeil markierte Straße immer geradeaus. Von einer Brücke erkennen Sie von weitem die Gebäude der **T.Y. Harbor Brewery**. Eine Fußgängerbrücke führt links von diesen Gebäuden in die **Bond Street** mit Cafés und Fotokunst. Am Ende der Bond Street überqueren Sie die große Straße zum Warehouse **TERRADA Main Storage Center**, in dem sich hinten links das **ARCHI-DEPOT Museum** befindet, das viele Architekturmodelle ausstellt. Daneben liegt **PIGMENT**, ein ganz außergewöhnliches Farbengeschäft, das *Kengo Kuma* mit Bambus gestaltete.
Tipp: Alternativer Rückweg zur Yamate Dori oder mit dem Bus 98 (Haltestelle liegt direkt vor PIGMENT) zum Bahnhof Shinagawa.
www.archi-depot.com   03-5769-2133
pigment.tokyo   03-5781-9550

PIGMENT, von Kengo Kuma gestaltet

2. Tokio von oben und Shogunen-Gräber   Mo–So   **3 km**

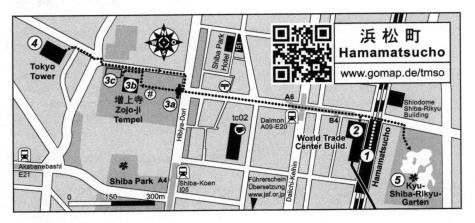

2.1. Bahnhof Hamamatsucho [JY28]

Für diese Stadttour fahren wir zum **Bahnhof Hamamatsucho** an der Yamanote-Linie und verlassen ihn über den nördlichen Ausgang **North Exit** zur Straße.

2.2. World Trade Center Building

Wenn Sie Stadtaussichten lieben und obendrein vielleicht noch Foto-Fan sind, dann können wir gleich mit dem **World-Trade-Center-Gebäude** direkt neben dem Bahnhof beginnen. Dieses ist eines der ersten in Tokio erbauten Hochhäuser und ein Besuch des obersten Stockwerks kostet 620 ¥. Die Aussichtsplattform im 40F wurde renoviert und wird jetzt »Seaside Top – The World Trade Center Observatory« genannt. Unter den Aussichtsplattformen ist meiner Ansicht nach das **World Trade Center Observatory** eine der Besten, da die Lage sehr schöne Blicke insbesondere auf die Bucht von Tokio und das Stadtzentrum ermöglicht. *Tipp:* Hier ist es nicht ganz so überlaufen wie z. B. beim Tokyo City View in Roppongi oder Tokyo Tower, man darf ein Stativ verwenden und befindet sich nicht so weit oben wie beim Tokyo Skytree. Hinweise: Betrieb nur noch bis 08/2020; seit 2017 ist der Blick zum Fuji-san durch ein Hochhaus direkt daneben versperrt.

Den Eingang zum Observatory findet man am einfachsten, indem man das World Trade Center von der Straße aus über die Drehtür betritt. Zwei Fahrstühle, der Eintrittskartenautomat sowie ein Informationsschalter befinden sich dann gleich nach wenigen Metern auf der linken Seite. Kommt man vom Hauptausgang des Bahnhofs, so gibt es einen Übergang in westliche Richtung direkt ins Gebäude des World Trade Centers. Dort folgen Sie dem Wegweiser, der ins Erdgeschoss (1F) führt. Im hinteren Bereich des Erdgeschosses befindet sich dann der Zugang zum **Seaside Top**. Nach Kauf der Karte fährt man mit dem Fahrstuhl ins oberste Stockwerk, die Karte wird dann dort beim Betreten überprüft. Unsere weiteren Ziele kann man alle vom Aussichtsstockwerk sehr schön überblicken.
Täglich 10–20:30 Uhr, Eintritt 620 ¥.
www.gomap.de/twtc   03-3435-6026

2.3. Zojo-ji-Tempel

Direkt geradeaus im Westen liegt der **Shiba-Park** mit der groß angelegten **Tempelanlage des Zojo-ji**. Dabei handelt es sich um einen buddhistischen Tempel (zu erkennen an der Endung -ji, dies steht für Tempel). Dieser

Tempel wurde 1393 gegründet und vertritt die buddhistische Lehre des *Jodoshu*.

Der Zojo-ji ist bis heute der Hauptsitz dieser buddhistischen Glaubensrichtung. Die Tempelanlagen in Shiba waren einst in ähnlichen Prunk mit vielen Holzschnitzereien angelegt wie in Nikko (Kap. 37), leider wurden sie im Zweiten Weltkrieg zerstört. Dieser Prunk kam daher, weil es sich zur Edo-Zeit um den Familientempel der Tokugawa-Shogune handelte. Sechs Shogunen-Gräber können übrigens besichtigt werden. *Mi–Mo 10–16 Uhr, 500 ¥.*

Sie betreten das Tempelgelände durch das imposante Haupttor **Sanedatsumon (3a)** und laufen direkt auf das **Hauptgebäude (3b)** Daiden oder Hondo zu.

Auf dem Weg zu den **Shogunengräbern (3c)** nahe dem Ausgang in Richtung zum Tokyo Tower, sollten Ihnen steinerne Figuren in langen Reihen auffallen, die mit Strickkäppchen und Lätzchen geschmückt sind. Dabei handelt es sich um sogenannte **Jizo**, das sind Steinfiguren die für totgeborene, abgetriebene oder früh verstorbene Babys geopfert werden. Laut einer Legende steht ihnen der Bodhisattva Jizo in der Hölle bei. Dort müssen sie Steintürme bauen, die von bösen Dämonen wieder zerstört werden.

www.zojoji.or.jp/en   03-3432-1431

2.4. Tokyo Tower

Unübersehbar steht seit 1958 der rot-weiß gestreifte **Tokyo Tower** in Tokio und erinnert uns irgendwie an eine Kopie des Pariser Eiffelturms. Wenn nun in Japan etwas kopiert wird, dann muss es natürlich besser sein als das Original. So ist der Tokyo Tower mit 333 m um 13 m höher als der Eiffelturm und wiegt mit 4000 t nur die Hälfte des Originals. Möglich ist dies aufgrund von fast 70 Jahren Fortschritt im Stahlskelettbau. Dank seiner rot-weißen Lackierung ist der Turm hinsichtlich Flugsicherung besser ausgelegt und selbst die Fahrstühle sind schneller als in Paris. Die Hauptplattform auf 150 m erreichen Sie für 900 ¥ Eintritt über diese Fahrstühle. Es gibt auch noch das »**Top Deck**« auf 250 m, hierfür müssen Sie bereits ganz unten das Kombiticket für 2800 ¥ kaufen und bekommen die Zeit zum Betreten zugewiesen.

Tipp: Die beste Fotoperspektive haben Sie auf der unteren Plattform »**Main Deck**«. Gehen Sie gleich nach Ihrer Ankunft mit dem Fahrstuhl die Treppe ein Stockwerk nach unten! *Täglich 9–23 Uhr, letzter Einlass 22:30 Uhr.*

www.tokyotower.co.jp   03-3433-5111

Tokyo Tower und Zojo-ji-Tempel

2.5. Kyu-Shiba-Rikyu-Garten

Zum Ausklang besteht die Möglichkeit, den östlich vom Bahnhof Hamamatsucho gelegenen **Kyu-Shiba-Rikyu-Garten** zu besuchen und dort etwas vom Großstadttrubel ausspannen. Bei diesem Garten handelt es sich um einen der ältesten traditionellen japanischen Gärten in Tokio. Er ist im Stil eines typischen Daimyo-Gartens der frühen Edo-Periode angelegt. *Täglich 9–17 Uhr, 150 ¥.*

www.gomap.de/tksr   03-3434-4029

Kyu-Shiba-Rikyu-Garten

3. Eisenbahngeschichte und Hama-Rikyu-Park Di Do Fr Sa **4 km**

Von den ersten Eisenbahnfahrten in Japan erzählt man sich übrigens folgende Anekdote: Da Japaner gewohnt sind, beim Betreten geschlossener Räume ihre Schuhe auszuziehen, ließen diese beim Besteigen des Zuges in Yokohama ihre Schuhe auf dem Bahnsteig stehen und wunderten sich in Tokio angekommen, wo Ihre Schuhe geblieben waren.

Das Bahnhofsgebäude wurde schließlich durch das große Kanto-Erdbeben 1923 zerstört. Das Gebiet um den Bahnhof wurde bis 1986 noch intensiv für den Güterverkehr genutzt, der Personenverkehr war schon 1914 mit dem Bau des Hauptbahnhofes Tokio zum heutigen Bahnhof Shimbashi verlegt worden. Im Zuge der Neubebauung des Shiodomegebiet wurden Überreste des alten Bahnhofes bei Ausgrabungen entdeckt, und man entschied sich für einen Wiederaufbau mit neuen Materialien, aber weitgehend der ursprünglichen Form.

3.1. Bahnhof Shimbashi [JY29]

Die Tour beginnt am **Bahnhof Shimbashi [A10, G08]**, den wir über den Ausgang **Ginza Exit** in östliche Richtung verlassen.

3.2. Historischer Shimbashi-Bahnhof

Dem **historischen Bahnhof Shimbashi** kommt in der japanischen Geschichte eine ganz besondere Bedeutung zu. Er war nicht nur der erste Bahnhof in Japan überhaupt, nein, es handelte sich sogar um das erste in Japan errichtete westliche Gebäude. Dieses Bahnhofsgebäude stand allerdings nicht an der heutigen Stelle des Bahnhofs Shimbashi, sondern etwa 300 m östlich davon. Bereits 1869 begann Japan mit Unterstützung britischer Eisenbahningenieure mit dem Bau einer 29 km langen »Musterstrecke« zwischen Tokio (Station Shimbashi) und Yokohama (heute Station Sakuragicho). Am 14. Oktober 1872 weihte der *Kaiser Meiji* die Strecke feierlich mit einer Jungfernfahrt ein.

Im Untergeschoss der **Old Shimbashi Station** werden zahlreiche Ausgrabungsfundstücke aus den Jahren 1869–1900 gezeigt und die Originalfundamente des Gebäudes sind zu besichtigen. Im oberen Stockwerk gibt es wechselnde Ausstellungen zur Eisenbahngeschichte. *Di–So 10–17 Uhr, Eintritt frei.*
www.ejrcf.or.jp/shinbashi 03-3572-1872
Tipp: Bevor Sie nebenan ins **Beer Dining Lion** gehen, schauen Sie hier: *www.caretta.jp*

Old Shimbashi Station in Shiodome

3.3. Shiodome City Center A10 ☂

Hinter dem Bahnhof liegt das moderne **Shiodome City Center** mit Geschäften, Restaurants sowie Büros. Herrliche Ausblicke bleiben den Besuchern der teuren Restaurants im 41. und 42. Stock vorbehalten. Günstiger sind die Restaurants B2F–3F.
www.shiodome-cc.com   03-5568-3215

3.4. Panasonic Living Showroom ☂

Hier geht es hauptsächlich um die Beratung japanischer Kunden bei der Einrichtung ihrer Häuser. *Do–Di 10–17 Uhr, Eintritt frei.*
Im 4F befindet sich die **Rouault-Gallery des Shiodome-Museums**, wo Werke von Georges Rouault dauerhaft ausgestellt sind.
Do–Di 10–18 Uhr, Eintritt variiert.
www.gomap.de/trgs   03-6218-0010

3.5. The Ad Museum Tokyo A10 ☂

Die permanente Ausstellung widmet sich der Entwicklung von Werbung in Japan von der Edo-Zeit bis heute. Temporäre Ausstellungen vertiefen Themen wie Design von Werbeplakaten oder zeigen prämierte Werbevideos und Hintergründe zu diesen.
Di–Sa 11–18 Uhr, Eintritt frei.
www.admt.jp   03-6218-2500

3.6. Hama-Rikyu-Park

Nach so viel Technik und Geschichte wird es nun Zeit, sich auf den circa 10-minütigen Fußweg zum **Hama-Rikyu-Park** zu machen. Der Park wurde ursprünglich im 17. Jahrhundert als Wohnort eines Feudalherrn angelegt und als Jagdgebiet der *Tokugawa-Shogune* genutzt. Zwei dieser Jagdgebiete sind bis heute in ihrer Art dort erhalten. 1704 wurde der Hama-Rikyu-Park zum Zweitwohnsitz der Tokugawa-Shogune. Wegen der vielen Brände war es damals üblich, ab einem gewissen gesellschaftlichen Stand einen Zweitwohnsitz zu unterhalten. Falls das Haus abbrannte, konnte man am gleichen Tag einfach in seine Zweitwohnung umziehen. Besonders eindrucksvoll ist eine über 300 Jahre alte Pinie in der Nähe des Eingangs. Es handelt sich um die größte Pinie in Tokio, sie wurde angeblich im 17. Jahrhundert vom 6. Shogun Ienobu gepflanzt. Erwähnenswert ist des Weiteren der Teich **Shioiri-no-ike**, bei dem der Wasserpegel den Gezeiten folgt, da er über einen Kanal mit der Bucht von Tokio verbunden ist. *Tipp:* In der Mitte des Sees gibt es ein größeres **Teehaus**, in dem für 510 ¥ Grüntee mit Süßigkeiten serviert wird. Sehenswert ist außerdem das von Grund auf rekonstruierte alte Teehaus »Matsu-no-ochaya«. Der Park ist am schönsten zur Kirschblüte im Frühjahr, es gibt dort viele verschiedene Kirschbaumarten. Touristen bekommen einen Audio- und Video-Guide »Ubiquitous Communicator«. Zusätzlich gibt es im Frühling zur Kirschblütenzeit spezielle Nachtbeleuchtungen, bei denen der Park bis 21 Uhr geöffnet ist. Wer auf Nummer sicher gehen will, sollte sich vorab telefonisch informieren.
Täglich 9–16:30 Uhr, Eintritt 300 ¥.
www.gomap.de/thrp   03-3541-0200

Teehaus im Hama-Rikyu-Park (#)

3.7. Nakagin Capsule Tower

Auf dem Rückweg sehen Sie auf der rechten Seite kurz vor der großen Kreuzung ein etwas merkwürdig anmutendes Gebäude. Der sogenannte **Nakagin Capsule Tower** des Architekten *Kisho Kurokawa* besteht aus 140 einzelnen Betonkästen »Kapseln«, die an zwei vertikalen Türmen aufgehängt sind.

4. Ginza – Die alte Flaniermeile Tokios   Mo–So   3 km

des eindrucksvollen Gebäudes, das 1997 für 1 Milliarde Euro fertiggestellt wurde.
Tipp: Jeden 1. und 3. Sonntag im Monat findet der **Oedo-Antikmarkt** statt, Japans größter Antiquitätenflohmarkt.
www.t-i-forum.co.jp/en   03-5221-9000
www.mitsuo.co.jp   www.antique-market.jp

Tokyo International Forum mit Shinkansen

4.1. Bahnhof Yurakucho [JY30, Y18]
Hauptziel der Tour ist die exklusive Einkaufsstraße **Ginza** und einige Sehenswürdigkeiten in der Nähe des **Yurakucho-Bahnhofs**, den wir über den »**Tokyo International Forum Exit**« auf nordwestlicher Seite verlassen.

4.2. Tokyo Internat. Forum   Y18☂D5
Im **Tokyo International Forum** oberhalb des Bahnhofs finden Tagungen statt, außerdem werden verschiedene Ausstellungen, Konzerte sowie Theatervorführungen abgehalten. Zudem gibt es dort das **Mitsuo Aida Museum** (Kalligraphie) und einige Geschäfte. Jedoch alleine wegen der modernen Architektur des amerikanischen Architekten *Rafael Vinoly* lohnt sich eine Besichtigung

4.3. MUJI Ginza
In der **Namiki Dori** befindet sich das brandneue Hauptgeschäft der Handelskette **MUJI**. MUJI ist die Kurzform von *Mujirushi Ryohin*, was übersetzt »gute Qualitätsprodukte ohne Marke« bedeutet. Der Schwerpunkt der Produktpalette liegt auf Büroartikeln, Kleidung und Einrichtungen. In diesem Geschäft kann man sich Fahrräder ausleihen, im Untergeschoß gibt es das Restaurant **MUJI Diner** und in den obersten Stockwerken das **MUJI Hotel Ginza**. In Deutschland sind MUJI-Läden in Berlin, Düsseldorf, Frankfurt, Hamburg, Köln und München.
www.muji.net   03-5208-8241

4.4. Ginza   G09/H08☂A4–A12
Nun wollen wir zur eigentlichen **Ginza**, wobei wir mit unserer Besichtigung am nördlichen Ende an der Kreuzung von Yanagi und Chuo Dori beginnen. An beiden Straßenseiten befinden sich viele alteingesessene Geschäfte. Auf der linken Straßenseite sind das Schreibwarengeschäft **Ito-ya (4a)** sowie

die Warenhäuser **Matsuya (4b)** und **Mitsukoshi (4c)** hervorzuheben. Ein Geheimtipp ist die 1874 gegründete Bäckerei **Kimuraya (4d)**. Am Wochenende wird tagsüber die Straße für Autos gesperrt. An der großen Kreuzung ist **Ginza Place (4g)** ein architektonisches Highlight. Dort präsentiert sich in den unteren Stockwerken die Automarke **Nissan**, während im 4-6F **Sony** seine Produkte vorstellt. Sie können diese ohne Kaufverpflichtung ausgiebig testen und bei Bedarf zollfrei einkaufen. In der Ginza sind viele japanische und internationale Nobelmarken vertreten. Besonders exklusiv ist der Komplex **Ginza Six (4h)**, besuchen Sie dort den Dachgarten (RF), die Feinkostabteilung (B2F) und das **Kanze Noh Theater** (B3F).

Tipp: Im hypermodernen Flagshipstore von **Uniqlo (4f)** gegenüber kaufen Sie günstige Kleidung. Sehenswert ist das von *Shigeru Ban* entworfene **Nicolas G. Hayek Center (4e)** mit seinen futuristischen Fahrstühlen.

www.ito-ya.co.jp 03-3561-8311
www.matsuya.com www.mitsukoshi.co.jp
www.ginzakimuraya.jp 03-3561-0091
www.ginzaplace.jp 03-3573-5307
www.ginza6.tokyo www.kanze.net

Ginza Place

4.5. Kabuki-za   A11/H09☂3

Das **Kabuki-za** besteht seit 1889 und ist ein Haus für das eher volkstümliche Kabuki-Theater, in dem nur männliche Schauspieler auftreten. Wer eine ganze Vorstellung sehen will, muss Geduld aufbringen – mit Pausen dauern diese bis zu fünf Stunden. Möchte man sich nur einen Teil ansehen, kann man kurz vor Beginn manchmal noch günstig eine Restkarte ergattern. *Tipp:* Im 5F sind ein schöner Garten und ein Café. *Vorstellungen meistens ab 11 und 16:30 Uhr.*
www.kabuki-za.co.jp 03-3545-6800

Eingang Kabuki-za (#)

4.6. Tokyu Plaza Ginza   M16/H08☂C3

Der Shoppingtempel **Tokyu Plaza** ist eine neue Attraktion direkt an der **Sukiyabashi-Kreuzung**. Im 6F und 7F bietet der **Find Japan Market** unzählige kleine Geschäfte mit japanischen Produkten und Souvenirs wie zum Beispiel Socken, Stofftücher und Kunsthandwerk. Immer einen Besuch wert ist der Event Square von Mitsubishi Electric **METoA Ginza** im 1F–3F, wo in diversen Ausstellungen versucht wird, Robotertechnik greifbar zu machen. *Täglich 11–21 Uhr, Eintritt frei.*
ginza.tokyu-plaza.com 03-3571-0109
www.metoa.jp

4.7. Bic Camera   Y18☂D4

Die gut besuchte Elektronikkette **Bic Camera** befindet sich links vom Bahnhof Yurakucho. *Tipp:* Man gewährt beim Einkauf 10% Rabatt auf den nächsten Einkauf. Sollten Sie öfters dort einkaufen, so empfiehlt es sich daher, die angebotene Kundenkarte anzunehmen. Punkte können Sie beim nächsten Einkauf schon am gleichen Tag einlösen. *10–22Uhr.*
www.biccamera.com 03-5221-1111
Hier bekommen Sie auch **Prepaid-SIMs** für Ihr Smartphone, um günstig ins Internet zu kommen. Mehr Infos: **www.gomap.de/wifi**

5. Ein Besuch beim japanischen Kaiser   Di Do Sa   7 km

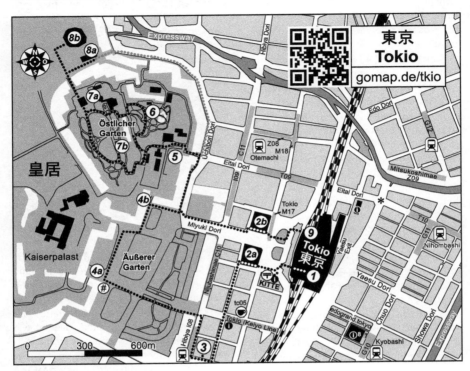

5.1. Hauptbahnhof Tokio [JY01, M17]

Der **Tokio Hauptbahnhof** ist Ausgangspunkt zum Kaiserpalast mit seinem weitläufigen Garten. Der Bahnhof ist komplett unterkellert und es befinden sich dort unzählige Restaurants und Geschäfte. Verlassen Sie ihn über den **Marunouchi South Exit**. Schauen Sie dort nach oben, um von der renovierten achteckigen Kuppel des 1914 erbauten Bahnhofs einen schönen Eindruck zu bekommen. *Tipp:* Besuchen Sie auch noch die Dachterasse des **KITTE-Gebäudes**, dort gibt es die beste Aussicht. *www.jptower-kitte.jp*

5.2. Marunouchi Building   M17

Das **Marunouchi Building (2a)** bietet neben seiner modernen Architektur Geschäfte (B1F–4F), bezahlbare Restaurants (5F–6F), sowie exklusive Restaurants (35F–36F) mit herrlicher Aussicht über den Bahnhof und dem Marunouchi-Viertel mit Kaiserpalast. Im **Shin-Marunouchi Building (2b)** kann man im 7F ins Freie. *www.marunouchi.com*

5.3. Idemitsu Museum of Arts Y18 B3

Der Museumseingang befindet sich etwas unscheinbar rechts neben dem größeren Eingang des Imperial-Theaters. Wechselnde Ausstellungen vorwiegend alter japanischer Kunst und eine äußerst schöne Aussicht vom 9F auf das Areal des Kaiserpalastes machen dieses private Museum besonders. *Tipp:* In der Aussichtslobby gibt es kostenlosen Tee. *Di–So 10–17, Fr 10–19 Uhr, Eintritt 1000 ¥. www.idemitsu.com/museum* 03-3213-9402

5.4. Kaiserpalast und Nijubashi

Erster Anlaufpunkt ist die **Brücke Nijubashi (4a)**, die zugleich den Hauptzugang zum Palast darstellt. Die Brücke besteht aus zwei steinernen Bögen und bildet zusammen mit dem Wachturm den beliebtesten Hintergrund für ein Erinnerungsfoto am Palast.

Nun statten wir dem japanischen Kaiser einen Besuch ab. Früher war dies nur an seinem Geburtstag und zum Neujahrsempfang am 2. Januar möglich. Nun kann man sich online für eine 75-minütige, kostenlose Besichtigung des Geländes registrieren. *Tipp:* Am Zugang **Kikyo-mon (4b)** können Sie auch spontan an einer solchen Führung teilnehmen; Sie sollten sich bereits eine Stunde vorher anstellen und Ihren Reisepass dabei haben. *Di–Sa 10 und 13:30 Uhr.*   www.gomap.de/timp

Brücke Nijubashi am Kaiserpalast (#)

5.5. Ote-mon

Danach geht es über den Vorplatz in nördliche Richtung bis zum Eingang **Ote-mon**, über den man den **Ostgarten** *(Kokyo Higashi-Koen)* durch zwei zueinander rechtwinklig angeordnete Tore betritt. Auf der rechten Seite befindet sich gleich das **Museum of the Imperial Collections**. In dem überschaubaren Museum werden abwechselnd verschiedene Kunstgegenstände und Gemälde aus der kaiserlichen Sammlung gezeigt, der Eintritt ist frei. *Garten täglich außer Montag und Freitag 9–16 Uhr. Eintritt frei, zu besonderen Anlässen geschlossen.*
www.kunaicho.go.jp   03-3213-1111

5.6. Ni-No-Maru Garten

Nächstes Highlight im Ostgarten ist der japanische Landschaftsgarten **Ni-No-Maru**. Am Rande des stillen Gartens mit See steht ein großes Teehaus **Suwano-chaya**, das aber leider nicht betreten werden kann.

5.7. Honmaru Garten

Vom 1607 erbauten Turm der alten Edo-Burg sind heute nur die Überreste **Tenshudai (7a)** der Grundmauern zu besichtigen. Das einstmals 5-stöckige Gebäude fiel 1657 einem Feuer zum Opfer und wurde seither nicht wieder aufgebaut. Besteigen Sie die Erhebung um den Ausblick über den Garten **Honmaru** zu genießen. *Tipp:* Den besten Blick im Garten haben Sie von einem **Aussichtpunkt (7b)**, der versteckt rechts hinter dem Rasthäuschen auf der gegenüberliegenden Seite der großen Rasenflächen liegt.

5.8. Museen

Nun geht es zurück zum **Ote-mon**, oder man verlässt den Garten über den nördlichen Eingang **Kitahanebashi-mon** und läuft zum **Nationalmuseum für Moderne Kunst (8a)** mit seinen beeindruckenden Dauer- und Wechselausstellungen renommierter Künstler.
Di–So 10–17, Fr 10–20 Uhr, Eintritt variiert.
www.momat.go.jp   03-5777-8600
Dahinter ist das **Science Museum (8b)**. Die interaktive Ausstellung des Museums richtet sich an Kinder. *Do–Di 9:30–16:50 Uhr, Kinder 260 ¥ bzw. 410 ¥, Erwachsene 720 ¥.*
www.jsf.or.jp   03-3212-8544

5.9. Tokyo Station Gallery   M17☂

Nach dem Rückweg über die Allee mit Ginkobäumen können Sie noch die Tokyo Station Gallery besuchen. Neben Ausstellungen zeitgenössischer Kunst bekommt man einen guten Einblick in die Geschichte des Gebäudes und kann die bei der Renovierung freigelegten Ziegelsteinmauern bewundern.
Di–So 10–18, Fr 10–20 Uhr, Eintritt variiert.
www.ejrcf.or.jp/gallery   03-3212-2485

6. Akihabara Electric Town – Roboter und Maids   Do–Di   **2 km**

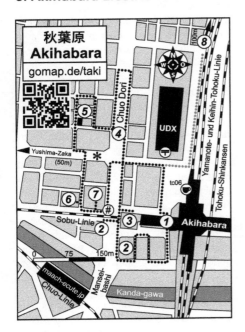

eines Urlaubs nach Akihabara kommt, um ein Schnäppchen zu machen, sollte sich den Kauf genau überlegen und sich vorher über Preise und Lieferumfang in Deutschland informieren. Unkritisch sind Digitalkameras, da hier die Menüsprache meistens auf Deutsch umgestellt werden kann. Das Handbuch kann man eventuell im Internet über die Serviceseiten des Herstellers herunterladen. Besondere Schnäppchen sind übrigens bei Auslaufmodellen zu machen. Diese werden oftmals zu einem Bruchteil des Normalpreises verramscht. *Tipp:* Eine wichtige Sache muss der Kurzzeitbesucher in Japan jedoch auf jeden Fall bedenken: Die Garantie wird oft nur in Japan gewährt. Aus diesem Grund kann ich Ihnen bei nur geringem Preisvorteil den Einkauf in Japan nicht empfehlen.   *www.akiba.or.jp/english*

6.1. Bahnhof Akihabara [JY03]

Mit »Akihabara Electric Town« begrüßt einem bereits das Schild zum gleichnamigen Ausgang auf dem engen Bahnsteig in Akihabara. Dieser Stadtteil ist vielen bekannt als das Elektronik-Mekka, in dem man schlichtweg alles kaufen kann, angefangen vom kleinsten Ersatzteil bis hin zu Klimaanlagen, Waschmaschinen und anderen Großgeräten. Über 500 Geschäfte konzentrieren sich hier in Laufweite des Bahnhofs, den wir zunächst in südlicher Richtung verlassen.

6.2. Duty-Free-Geschäfte

Direkt in Bahnhofsnähe konzentrieren sich einige sogenannte Duty-Free-Geschäfte. Das Personal spricht dort häufig Englisch und es werden die ausländischen Varianten elektronischer Produkte geführt. Zumeist sind trotz Zollfreirabatt die angebotenen Produkte teurer als die Originalprodukte für den japanischen Heimatmarkt. Wer also während

Akihabara am Abend (#)

6.3. Kleinteilemarkt »Radio Center«

Sehenswert ist dieser Kleinteilemarkt mit vielen kleinen Geschäften, die über enge Gassen zu erreichen sind. Der Komplex liegt direkt unter dem Bahnhof und wird von den Japanern **Radio Center** genannt. Hier werden elektronische Kleinteile, Bausätze, Überwachungskameras, Kabel sowie Alarmanlagen verkauft. Die Verkaufsstände erinnern ein wenig an unsere Jahrmarktstände, aber diese Geschäfte gibt es in dieser Art permanent seit einigen Jahrzehnten.
www.radiocenter.jp   03-3251-0614

6.4. Hauptstraße »Chuo Dori«

Entlang der breiten Straße **Chuo Dori** sind verschiedene Händler mit einem großen Spektrum an Produkten sowie bekannte Computerketten angesiedelt. Die Anzahl der Geschäfte mit Computerspielen und Anime-Produkten hat in den letzten Jahren zugenommen. Diese haben einige alteingesessene Amateur- und Kamera-Geschäfte verdrängt. Wer Anime-Sammlerobjekte sucht, wird oft in den Obergeschossen einiger Händler in Bahnhofsnähe fündig. *Tipp:* Am Wochenende ist die Chuo Dori sehr frequentiert, weshalb sich ein Besuch an Werktagen lohnt.

Geschäfte an der Chuo Dori

6.5. Mandarake

Mit unzähligen Anime-Figuren, Spielzeug, Comics für Mädchen und Jungen, Mangas, DVDs und Videospielen auf acht Stockwerken ein Zentrum der Otaku-Kultur in Akihabara. Alle Artikel sind gebraucht und man findet natürlich auch neuwertige Sammlerobjekte. Eine Filiale befindet sich in Shibuya im B2F des BEAM-Gebäudes (siehe Karte S. 36). *www.mandarake.co.jp*   03-3252-7007

6.6. Tsukumo Robot Kingdom

Wahrlich ein Königreich für Roboterfans befindet sich im zweiten Stock des Computerhändlers **Tsukumo**. Hier finden sich alle notwendigen Einzelteile zum Bau eines Roboters. Angefangen von kleinsten Elektromotoren und anderen Elektronikteilen bis hin zu Komplettbausätzen in allen Preisklassen ist hier alles zu haben. *Täglich 10–21 Uhr.* *robot.tsukumo.co.jp*   03-3251-0987

6.7. Tokyo Radio Department Store

Unweit der Bahntrasse der Sobu-Linie in einer schmalen Gasse, in der sich am Wochenende die Kunden drängen, gibt es ein von außen unscheinbares Gebäude, in dem sich Bauteilhändler auf 4 Stockwerken verteilen. Die oberen Stockwerke erreicht man über eine Rolltreppe. Das Geschäftshaus heißt so, weil man dort schon früher alle Bauteile zur Reparatur von Radios kaufen konnte. Neben alltäglichen elektronischen Ersatzteilen findet der interessierte Sammler alte Radio-Röhren.   03-3251-1014

6.8. Aki-Oka Artisan (2k540)   +1 km

Aki-Oka Artisan ist eine Ansammlung von Geschäften mit Schmuck, Kunsthandwerk und auch vielen schönen Dingen aus Holz. Hier finden Sie sicherlich ein ausgefallenes Mitbringsel. Die Geschäfte liegen unterhalb der Eisenbahnlinie gleich nach Überquerung der breiten Kuramaebashi Dori. *Do–Di 11–19 Uhr.* *www.jrtk.jp/2k540*   03-6806-0254

6.9. Maid Cafés

In den Straßen von Akihabara werben junge Frauen in Dienstmädchen- oder Schulmädchenuniformen für sogenannte **Maid Cafés**. Dort werden den Gästen Getränke und kleinere Gerichte angeboten. Die Kellnerinnen bedienen den Gast äußerst zuvorkommend – man bekommt zum Beispiel seinen Kaffee umgerührt. Extra bezahlt werden müssen Polaroid-Fotos mit den Bedienungen. Die Maid Cafés sind überhaupt nichts anrüchiges, weshalb auch Anime-Fans und für Cosplay interessierte ausländische Besucher diese Cafés gerne besuchen. Der Austausch von Zärtlichkeiten ist verboten. *Tipp:* Man darf die Maids nicht auf der Straße fotografieren. *Ein Überblick über Maid Cafés auf Japanisch: www.moeten.info/maidcafe*

7. Ueno – Museen und der Zoo   Do–So   5 km

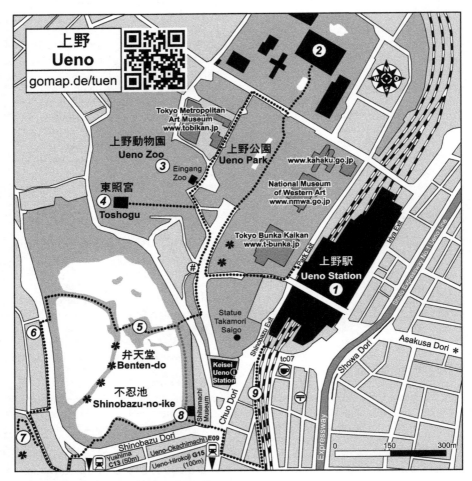

7.1. Bahnhof Ueno [JY05, G16, H17]

Dieser Ausflug beginnt am **Bahnhof Ueno**, den wir über den **Park-Ausgang** verlassen. Da der Bahnhof Ueno recht groß ist und man sich leicht verläuft, sollten Sie darauf achten, den Bahnsteig im vorderen Bereich des Zuges (von Richtung Tokio kommend) zu verlassen. Die beste Jahreszeit in den Ueno-Park zu kommen, ist zur Kirschblüte im April sowie zum Sommerfest, das jährlich zur Lotusblüte zwischen Mitte Juli und Anfang August stattfindet. Parallel findet zu diesen Zeiten ein Antikmarkt statt.

7.2. Tokyo National Museum

Zweifelsfrei eines der besten Museen in ganz Japan ist das **Tokyo National Museum**, das die weltweit größte Sammlung asiatischer Kunst besitzt. Die Ausstellungsobjekte gehen weit zurück in der Erdgeschichte. Für die umfangreichen Sammlungen sollten Sie

viel Zeit mitbringen. Das Museum wurde 2004 umfassend renoviert, gleichzeitig wurde die Ausstellung überarbeitet. Neben der Dauerausstellung gibt es immer wieder interessante wechselnde Ausstellungen.
Museum Di–So 9:30–17 Uhr, Eintritt 620 ¥. Bei Sonderausstellungen hat das Museum an Freitagen oft bis 20 Uhr geöffnet.
www.tnm.jp　　　　　　　　03-3822-1111
Tipp: Während der Herbstlaubverfärbung empfehle ich Ihnen einen Besuch des Gartens hinter dem Museum, nur dann ist der Garten zugänglich (*10–16 Uhr*).

7.3. Ueno-Zoo

Der **Ueno-Zoo** ist vor allem bei Familien mit Kindern beliebt. Sehenswert sind die Pandabären, die Polarbären und Japanmakaken.
Eintritt für Erwachsene (16–64 Jahre) 600 ¥, Kinder bis 12 Jahre frei, Schüler (13–15 Jahre) 200 ¥, Senioren ab 65 Jahre zahlen 300 ¥. Täglich außer Montag 9:30–17 Uhr geöffnet, Ticketkauf bis 16 Uhr.
www.gomap.de/tzue　　　　　03-3828-5171

7.4. Toshogu-Schrein

Der **Toshogu-Schrein** wurde im Jahre 1627 zu Ehren von *Tokugawa Ieyasu*, dem Gründer des Tokugawa-Shogunats errichtet. Er besticht durch sein Haupt-Torii sowie eine Vielzahl den Weg säumenden Stein- und Bronzelaternen. *Tgl. 9–16 Uhr, Eintritt innerer Schreinbezirk und Gebäude 500 ¥, Pfingstrosen- oder Dahlienausstellung 700 ¥.*
www.uenotoshogu.com　　　　03-3822-3455

7.5. Ueno-Park mit Shinobazu-no-ike

Am südl. Eingang des Ueno-Parks steht eine Statue des einflussreichen Samurai *Takamori Saigo*. Sie soll an die letzte Schlacht zur Vernichtung des Tokugawa-Shogunats und Einsetzung der Meiji-Regierung 1868 erinnern. Am Ort dieses blutigen Gemetzels wurde 1873 der Ueno-Park von *Kaiser Meiji* errichtet. Die nächste Station im Park ist der auf einer Insel im **Shinobazu-See** gelegene Tempel **Benten-do**, der zu Ehren der Gottheit *Benten* errichtet wurde. www.kaneiji.jp

7.6. Yokoyama Taikan Memorial Hall

Yokoyama Taikan (1868–1958) ist berühmt für seine Bilder der traditionellen Japanischen Malerei, die er zu modernisieren versuchte. Einige seiner schönsten Werke sind in seinem Haus ausgestellt.
Do–So 10–16 Uhr, Eintritt 800 ¥.
taikan.tokyo　　　　　　　　03-3821-1017

7.7. Kyu-Iwasaki-tei-Garten

Ein großes Parkareal mit einer Villa im westlichen Stil von 1896, die direkt mit einem traditionellen japanischen Haus verbunden ist. Beides kann innen besichtigt werden. Auch der Garten kombiniert westliche und japanische Elemente. *Tgl. 9–17 Uhr, 420 ¥.*
www.gomap.de/tkit　　　　　03-3823-8340

7.8. Shitamachi Museum

Im Erdgeschoss dieses hübschen Museums wurden ein Händlerhaus, ein Süßigkeitengeschäft und eine Werkstatt eines Kupferschmieds um circa 1920 nachgebildet. Im Obergeschoss gibt es unter anderem eine Ecke für Kinder mit Spielen und den Originaleingangsbereich eines öffentlichen Bades. **Tipp:** Ich empfehle Ihnen die kostenlose englische Führung zu nutzen und am kleinen Schrein ein Glückslos *Omikuji* zu ziehen.
Di–So 9:30–16:30 Uhr, Eintritt 300 ¥.
www.taitocity.net/zaidan/shitamachi
03-3823-7451

7.9. Ameyoko-Ladenstraße

Auf dem Rückweg zum **Shinobazu-Eingang** des Bahnhofs Ueno liegt die **Ameyoko-Straße**. Diese Straße verläuft parallel zu den Bahngleisen der Yamanote-Linie in Richtung Bahnhof **Okachimachi**. Nach dem Zweiten Weltkrieg war hier ein Schwarzmarkt. Heute kauft man dort günstig Bekleidung, Taschen, Kosmetik sowie Lebensmittel wie frischen Fisch und Gewürze.　　　www.ameyoko.net

8. Große Tempel und kleine Läden in Yanaka   Mi Fr Sa So   **5 km**

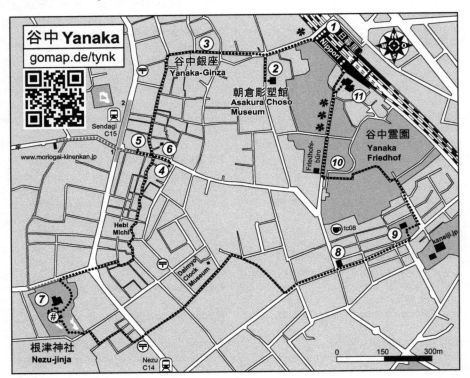

8.1. Bahnhof Nippori [JY07]
Der **Bahnhof Nippori** ist Ausgangspunkt dieser Wanderung in der alten Tempelstadt Yanaka. Hier hat das alte Flair Tokios überlebt, was sich durch eine Vielzahl alter Tempelanlagen, Kaufläden und Holzhäuschen zeigt. Wir verlassen den Bahnhof am **Westausgang** des **nördlichen Gates**.

8.2. Asakura-Choso-Museum
Dieses Museum ist im Privathaus des berühmten Bildhauers *Fumio Asakura* (1908–1964) untergebracht. In dem dreistöckigen Betonhaus sind seine Skulpturen ausgestellt. **Tipp:** Sehenswert sind außer seinem Atelier insbesondere der Dachgarten und der traditionelle Anbau mit seinem Teich und Garten. *Di–Mi, Fr–So 9:30–16:30 Uhr, Eintritt 500 ¥.*

*Adresse: 7-18-10 Yanaka   03-3821-4549
www.taitocity.net/taito/asakura*

8.3. Yanaka-Ginza
Eine enge Einkaufsstraße mit kleinen Kaufläden wie vor 100 Jahren. Man kauft dort vorwiegend Lebensmittel, Dinge für den täglichen Bedarf und Souvenirs. Zudem gibt es dort Restaurants. *www.yanakaginza.com*

8.4. Papierladen Isetatsu
Etwas weiter abseits von der Yanaka-Ginza-Einkaufsstraße befindet sich der Papierladen Isetatsu. Man kann dort die unterschiedlichsten im japanischen Design bedruckten Papierbögen kaufen. *Täglich 10–18 Uhr.
www.isetatsu.com   03-3823-1453*

8.5. Senbei-Geschäft
Eine reichhaltige Auswahl an japanischen Reiskräckern bekommen Sie im Geschäft **Kikumi Senbei**. Das Gebäude ist im typischen japanischen Kaufladen-Stil erbaut und blickt auf eine über hundertjährige Geschichte zurück. *Di–So 10–19 Uhr.*
Adresse: 3-37-16 Sendagi 03-3821-1215

8.6. Puppentheater Shokichi
Mit selbstgemachten Handpuppen unterhält *Mitsuaki Tsuyuki* für 30 Minuten mit seinem lustigen und sehr kurzweiligen Programm. *Mi–So stündlich 10:30–16:30 Uhr, 500 ¥.*
shokichi.main.jp 03-3821-1837
Wer das **Mori-Ogai-Museum** nicht besucht, läuft durch die **Hebi Michi** und biegt bei der breiten Straße in die grün bemalte Straße.

8.7. Nezu-Schrein
Der **Nezu-Schrein** wurde im Jahre 1706 vom 5. Tokugawa-Shogun erbaut. Er ist vor allem berühmt für seine schöne Azaleenblüte. Anlässlich dieser Blüte findet jährlich vom 14. April bis zum 5. Mai ein Fest statt. Neben üblichen Ess- und Spielbuden gibt es bei dem Fest auch Budo-Kampfvorführungen.
www.nedujinja.or.jp 03-3822-0753

Torii am Nezu-Schrein (#)

Am Weg liegt das **Daimyo-Uhrenmuseum**, es stellt circa 50 Uhren aus der Edo-Zeit (1603–1867) aus. Diese aufwendig konstruierten Uhren wurden täglich anhand von Sonnenauf- und -untergang gestellt. 03-3821-6913

8.8. Shitamachi Museum Annex
Hierbei handelt es sich um eine Außenstelle des Shitamachi-Kultur-Museums in Ueno. Bei dem altehrwürdigen, renovierten Gebäude handelt es sich um ein früheres Sakegeschäft. *Di–So 9:30–16:30 Uhr, Eintritt frei.*
www.gomap.de/tsma 03-3823-4408

8.9. Jomyo-in-Tempel
Der **Jomyo-in-Tempel** ist für seine Vielzahl von **Jizo** Steinfiguren bekannt. Über 84.000 Jizo sind dort nebeneinander aufgereiht.

Beim Jomyo-in-Tempel

8.10. Yanaka-Friedhof
Über den **Yanaka-Friedhof** geht es zurück in Richtung Bahnhof Nippori. Der Yanaka-Friedhof ist einer der größten und ältesten Friedhöfe Tokios; unter anderem sind dort der letzte Shogun *Yoshinobu* sowie der Schriftsteller *Natsume Soseki* begraben. **Tipp:** Beim **Friedhofsbüro** *(8:30–17 Uhr)* erhält man eine englische Karte, auf dem die Grabstätten berühmter Persönlichkeiten verzeichnet sind. *www.gomap.de/tyna*

8.11. Tenno-ji-Tempel
Diese vor 500 Jahren gegründete Tempelanlage war früher wesentlich prächtiger und ungefähr zehnmal so groß. Sie wurde bei den Revolutionskämpfen 1868 zerstört. Sehenswert ist ein 5 m hoher Bronze-Buddha von 1690. Über den Südeingang kommen wir zum **Bahnhof Nippori** zurück.
www.gomap.de/tten 03-3821-4474

9. Tokyo Skytree Town in Mukojima Di–Fr 6 km

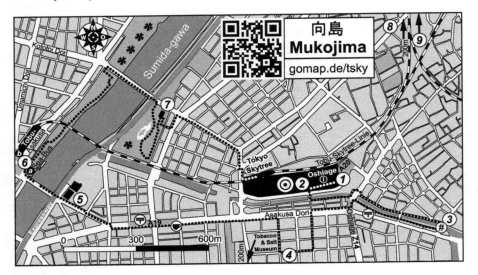

9.1. Bahnhof Oshiage [A20, Z14]

Man kommt mit der Tobu-Skytree-Linie oder den U-Bahn-Linien Asakusa oder Hanzomon zum **Bahnhof Oshiage** und orientiert sich bezüglich des Ausgangs an der Beschilderung zur **Tokyo Skytree Town**.

Tokyo Skytree von der Jukken-Brücke (#)

9.2. Tokyo Skytree Town A20

2012 wurde der **Tokyo Skytree** eröffnet, der mit 634 m der weltweit höchste freistehende Fernsehturm ist und den Tokyo Tower um fast das Doppelte überragt. Bei klarem Wetter hat man von den beiden Aussichtsplattformen in 350 und 450 m Höhe eine tolle Weitsicht bis Yokohama und zum Fuji. Bei sehr langen Schlangen können Sie gegen Aufpreis den **Fast Skytree Ticket Counter** (*3000 ¥/4000 ¥*) im 4F nutzen oder besuchen nur das große Erlebnisareal **Tokyo Skytree Town** und den **East Tower** (30F/31F). Ein ideales Einkaufsparadies mit 300 Geschäften für Souvenirs wie Süßigkeiten, Kleidung, Schmuck, Spielzeug, Porzellan oder Plastiksushi ist das sogenannte **Solamachi**. *Tipp:* In Ruhe genießen Sie den Ausblick werktags gleich um 8 Uhr – Sie sparen den Aufpreis und meiden chinesische Reisegruppen und Schulklassen. *Tgl. 8–22, Solamachi 10–21 Uhr. Eintritt 2060 ¥, für 450 m nochmals 1030 ¥.*
www.tokyo-skytree.jp   tokyo-solamachi.jp
0570-550-634

9.3. Jukken-Brücke

Einer der besten Aussichtspunkte, um den Skytree zusammen mit dem kleinen Kanal zu fotografieren, ist die Jukken-Brücke. Mit etwas Glück kann man auch noch ein Ruderboot mit auf das Bild bekommen.

9.4. Morihachi Hompo
Von außen sieht das Gebäude eher wie eine Burg als ein Süßigkeitenladen aus, doch gibt es hier die leckeren Monaka, die mit Kastanien und roter Bohnenpaste gefüllt sind.
Tgl. 9–18 Uhr außer 3. Montag im Monat.
www.morihati.co.jp 03-3622-0006

9.5. Asahi-Gebäude
Direkt neben dem Hauptgebäude der am Fluss Sumida-gawa gelegenen Zentrale der **Asahi-Brauerei**, das aussieht wie ein riesiges Glas Bier, befindet sich die von *Philippe Starck* entworfene Asahi Beer Hall. Das Design der goldenen *Flamme d'Or* auf dem Dach ist umstritten und wird auch »goldenes Kothäufchen« genannt. **Tipp:** Im 22F der Brauereizentrale befindet sich das Aussichtsrestaurant »Asahi Sky Room«, wo man Snacks und Bier oder andere Getränke bestellt, während man die Aussicht auf den Sumida-Fluss und den Skytree genießt.
www.asahibeer.co.jp 03-5608-5111

Asahi Gebäude und Skytree

9.6. Sumida-Fluss
Nachdem man die Brücke überquert hat, kommt auf der rechten Seite eine Anlegestelle von **Tokyo Water Cruise (6a)**, hier kann man Tickets für eine Bootsfahrt auf dem Sumida-Fluss kaufen.
www.suijobus.co.jp 0120-977-311
Vom Dach des Kaufhauses **Ekimise (6b)** hat man eine schöne Aussicht zum Tokyo Skytree und Sumida-Fluss.
www.ekimise.jp 03-6802-8633

9.7. Ushijima-jinja
Der Schrein ist berühmt für eine Kuhstatue *nade-ushi*, der Heilungskräfte nachgesagt werden. Zunächst berührt man seine eigene Wunde und dann die gleiche Stelle an der steinernen Statue. **Tipp:** Mit den Bäumen auf dem Schreingelände gelingen hier schöne Fotos vom Skytree. 03-3622-0973

Tokyo Skytree vom Ushima-jinja

9.8. Geschäft für Essstäbchen
Fahren Sie mit der Tobu-Skytree-Linie eine Station weiter nach **Hikifune**, von dort erreichen Sie ein Geschäft für Essstäbchen. Dank der riesigen Auswahl findet hier jeder seine *hashi* in perfekter Form und Größe, die man fast wie ein Paar Maßschuhe kauft.
Tipp: Um den Laden mitten im Wohngebiet zu finden, nimmt man am Bahnhof den Westausgang und schaut sich die Karte auf einem Schild auf dem Vorplatz genau an, weil der Laden dort eingezeichnet ist (am Park in nordwestliche Richtung vorbei und gleich links in die Straße abbiegen). *Mo–Sa 10–17 Uhr, 2. und 3. Samstag geschlossen.*
edokibashi-daikokuya.com 03-3611-0163

9.9. Tobu-Eisenbahn-Museum
Eine Station weiter ist am **Bahnhof Higashi-Mukojima** das kleine Museum mit historischen Fahrzeugen und Fahrsimulatoren.
Di–So 10–16:30 Uhr, Eintritt 200 ¥.
www.tobu.co.jp/museum 03-3614-8811
Der **Mukojima-Hyakkaen-Garten** liegt 400 m westlich und ist für die große Blumenvielfalt bekannt. *Täglich 9–17 Uhr, Eintritt 150 ¥.*

10. Sunshine City in Ikebukuro   Mo–So   2 km

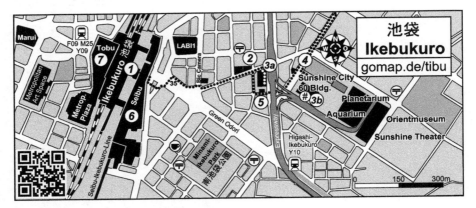

10.1. Bahnhof Ikebukuro [JY13]
Ikebukuro **[F09, M25, Y09]** ist ein großer Umsteigebahnhof für Pendler im Nordwesten Tokios. Zwei private Bahnlinien – *Seibu Ikebukuro* und *Tobu Tojo* – enden hier. Über diesen Kopfbahnhöfen haben die Bahnbetreiber riesige Einkaufszentren erschaffen, die wir am Ende unserer Tour besuchen werden. Wir verlassen den Bahnhof über den **East Exit** in Richtung **Sunshine City** oder den **Exit No. 35**, der zur Einkaufsstraße mit dem Namen **Sunshine 60** am nächsten liegt. Der Weg ist gesäumt von japanischen Warenhausketten. Am Anfang der Straße befindet sich links **Bic Camera**, etwas weiter kommt **Sega** und davor eine **Uniqlo-Filiale**. Am Ende bevor die Hochstraße *(Expressway)* kreuzt, ist rechts **Tokyu Hands Ikebukuro**.
www.tokyu-hands.co.jp   03-3980-6111

10.2. Sega Ikebukuro GiGo
Auf der linken Seite schräg gegenüber von Tokyo Hands befindet sich das neu eröffnete Sega-Spielecenter am oberen Ende der Sunshine 60 Street. Auf acht Stockwerke verteilt gibt es nicht nur neueste Videospiele, in den beiden oberen Stockwerken Printclub-Automaten speziell für Frauen und für die Jugend noch Ufo-Catcher im EG/UG.
www.sega-entertainment.jp   03-3981-6906

Sega Ikebukuro Gigo

10.3. Sunshine City
Der **Zugang (3a)** zum **Sunshine-City-Komplex** und Wolkenkratzer **Sunshine 60 Building (3b)** befindet sich gleich links von **Tokyu Hands**. Das 1978 eröffnete Hochhaus war bis zur Fertigstellung des Tokioter Rathauses 1990 das höchste Gebäude Japans, allerdings liegt der **Sky Circus** noch 38 m höher als die Aussichtsplattform des Tokioter Rathauses.
In Sunshine City ist für jeden etwas geboten. Es gibt den Einkaufskomplex **Alpa**, ein **Aquarium**, das **Ancient Orientmuseum**, ein **Theater** und ein **Planetarium**. Die 2016 renovierte Aussichtsplattform **Sky Circus** bietet aus 240 m Höhe einen eindrucksvollen Blick über Tokio. Eine der neuen Attraktionen ist ein virtueller Flug über das zukünftige Tokio.

Für das 2-minütige Erlebnis muss man allerdings 600 ¥ extra zahlen. Das **Aquarium** zeigt neben den verschiedensten Meeres- und Süßwasserfischen auch Frösche, Schlangen, Pinguine, Robben sowie Otter.

Blick vom Sky Circus

Das **Ancient Orient Museum** zeigt unter anderem Artefakte aus dem antiken Ägypten und Mesopotamien. Im hintersten Eck von Sunshine City, im Untergeschoss des Bunka-Kaikan-Gebäudes gibt es ein großes **Toys"R"Us-Geschäft**. *Tipp:* Im 2F des Alpa-Einkaufkomplexes müssen Sie unbedingt das größte **Pokémon Center** in Japan besuchen. Dort findet man für Kinder und Pocket-Monster-Fans sicher das richtige Souvenir.
Täglich 10–22 Uhr, Eintritt Sky Circus 1800 ¥, Senioren & Studenten 1500 ¥, Kinder 900 ¥. Eintritt Aquarium 2000 ¥, täglich 10–18 Uhr. Eintritt Orientmuseum 600 ¥, tgl. 10–17 Uhr.
www.sunshinecity.co.jp   www.skycircus.jp
03-3989-3331

10.4. Otome Road

Westlich von Sunshine City erstreckt sich die als **Otome Road** bekannte breite Straße Richtung Norden. Hier gibt es eine Vielzahl an Läden für Anime und Cosplay, die sich hauptsächlich auf weibliche Fans spezialisiert haben. *Tipp:* Gleich am unteren Ende befindet sich der Laden von Animate mit dem *animate café* auf den oberen beiden Stockwerken (7F, 8F). Weiter nach Norden sind einige Läden von K-Books.
www.gomap.de/tani   03-5956-5401

10.5. Cat Cafe Nekorobi

Ein beliebtes Katzencafé befindet sich im 3F in einem unscheinbaren Gebäude in einer Seitenstraße, achten Sie dort auf das Schild. Der Stundenpreis beträgt 1100 ¥ (Wochenende 1300 ¥) und beinhaltet auch Getränke aus dem Automaten. Details siehe Website.
www.nekorobi.jp   03-6228-0646

10.6. Seibu Department Store   Y09

Seibu bietet auf seinen 11 Stockwerken ein volles Sortiment, wie man es von einer japanischen Kaufhauskette gewohnt ist. Es ist eines der größten Kaufhäuser in Tokio, eine Zeit lang konnte es sich sogar das größte Kaufhaus der Welt nennen. Am südlichsten Zipfel befindet sich das **Book Center Libro**. Einen Besuch wert ist der Dachgarten des Kaufhauses. Auf dem Dach des ebenso zu Seibu gehörenden Boutiquen-Kaufhauses **PARCO** ist ein sogenannter »Biergarten«.
www.sogo-seibu.jp   03-3981-0111

10.7. Tobu Department Store   Y09

Auch **Tobu** hat einen Dachgarten mit Biergarten und gehört ebenso zu den größten Kaufhäusern in Tokio. Besonders sticht das Tobu-Kaufhaus durch seine große, reichhaltige Lebensmittelabteilung heraus. Hier wird ein wenig versucht Mitsukoshi nachzueifern. Obendrein gibt es ein Stockwerk mit wechselnden Kunstausstellungen, um Kunden ins Kaufhaus zu locken.
www.tobu-dept.jp/ikebukuro   03-3981-2211

Bahnhof Ikebukuro mit Kaufhäusern

11. Aoyama-Tour – Luxus, Kunst und Zazen   Di Mi Fr–So   **4 km**

11.1. Bahnhof Omotesando
Über die U-Bahn-Linien Chiyoda, Ginza und Hanzomon kommt man zum **Bahnhof Omotesando [C04, G02, Z02]** und verlässt diesen beispielsweise über den **Ausgang A5**.

11.2. Prada Boutique Aoyama
Die breite vierspurige Omotesando Dori mit ihren großen Bäumen endet an der Kreuzung mit der Aoyama Dori und geht fortan nur noch schmaler bergabwärts. Auf halbem Weg zum Nezu-Museum fällt rechts das von *Herzog & de Meuron* (u. a. Elbphilharmonie und Allianz Arena) entworfene Gebäude mit seinen rautenförmigen Glasscheiben auf.

11.3. Nezu-Museum
Bereits beim Betreten fällt die moderne, zeitlose Architektur des Gebäudes auf und außer den hervorragenden Ausstellungen alter asiatischer Kunst ist das Nezu-Museum auch aufgrund seines traditionellen japanischen Gartens immer einen Besuch wert.
Di–So 10–17 Uhr, Eintritt 1100–1300 ¥.
www.nezu-muse.or.jp/en   03-3400-2536

11.4. Blue Note Tokyo
Das Blue Note Tokyo ist eindeutig die beste Adresse, um Jazz in Tokio live zu erleben. Jazz-Fans sollten daher den Spielplan rechtzeitig prüfen und Karten buchen, um sich diese einmalige Gelegenheit nicht entgehen zu lassen. *www.bluenote.co.jp* 03-5485-0088

Eingangsweg zum Nezu Museum (#)

11.5. Tempel Choukokuji
Der seit 1598 bestehende Tempel gehört zum großen Zen-Tempel Eiheiji in der Präfektur Fukui. Sehenswert gleich im Gebäude beim Eingang rechts ist ein 10 m hoher

Kannon Bosatsu – eine der größten Holzstatuen in Japan. Wer sich für Zazen interessiert, hat jeden Montag Gelegenheit an einem Probetraining teilzunehmen. Die Unterweisung beim Training ist nicht auf Englisch, es gibt lediglich einen englischen Flyer am Eingang. Da es sich um einen strengen buddhistischen Tempel handelt, empfehle ich Ihnen zum Zazen-Training keine bunte, auffällige Kleidung zu tragen.
Zazen-Training jeden Mo ab 18:10 Uhr.
choukokuji.jiin.com   03-3400-5232
global.sotozen-net.or.jp

11.6. Taro Okamoto Memorial Hall
Im ehemaligen Wohnhaus und Atelier des bekannten Bildhauers und Malers *Taro Okamoto* (1911–1996) ist ein kleines Museum untergebracht. Sehenswert sind einige Exponate im Innern sowie sein Atelier. Ein Café mit Blick auf die Skulpturen im Garten lädt zum Verweilen ein. *Mi–Mo 10–18 Uhr, Eintritt 620 ¥.   www.taro-okamoto.or.jp*
Tipp: Hier kann man kostenlos weitere Werke von Okamoto betrachten: Eine Skulptur bei der Fußgängerbrücke an der Aoyama Dori **(6a)** und das riesige Gemälde **(6b)** im Bahnhof Shibuya am Übergang im 2F zwischen der JR- und Inokashira-Linie.   03-3406-0801

Okamoto Gemälde im Bahnhof Shibuya

11.7. Empfohlene Geschäfte
Sou Sou (7a) kommt aus Kyoto und ist bekannt für seine herrlich bedruckten Stoffe, Hemden, gemusterten Socken und Jikitabi-Schuhe. *Täglich 11-20 Uhr, Café 13-19 Uhr.*

Ein Besuch bei **Found MUJI (7b)** ist schon wegen der exklusiven Produkte aus Asien, von denen es viele nur in diesem kleinen, auf zwei Stockwerken verteilten Geschäft gibt, zu empfehlen. *Täglich 11–20 Uhr.*
www.sousou.co.jp   03-3407-7877
www.muji.net/foundmuji   03-3407-4666

Shinjuku von der Hikarie Sky Lobby

11.8. Hikarie   F16↑15
Der große Hikarie-Komplex wurde 2012 fertiggestellt, seither ist die östliche Seite des Bahnhofs Shibuya stark im Aufwind begriffen. Im Hikarie lohnt sich zunächst ein Besuch im 8F, dort befinden sich das **d47 Museum** und der **d47 Design Travel Store** sowie die Ausstellung des **Puppet Master**.
Tipp: Von der **Sky Lobby** (11F) hat man eine gute Sicht auf die berühmte Shibuya-Kreuzung und die Skyline von Shinjuku. Ein abschließender Blick in die Geschäfte in den unteren Stockwerken ist vor allem für Frauen interessant. *Geschäfte täglich geöffnet 10–21 Uhr, Restaurants 11–23 Uhr.*
www.hikarie.jp   03-5468-5892
www.hikarie.jp/8/en

11.9. Bahnhof Shibuya [F16, G01, Z01]
Nach der unterirdischen Verlegung des Bahnhofes der Tokyo-Toyoko-Linie und der Verbindung dieser Linie mit der Fukutoshin- und Minatomirai-Linie kommt man seit 2013 sehr bequem von Kawagoe und Yokohama nach Shibuya, Shinjuku und Ikebukuro. So beträgt die Fahrzeit zwischen Shibuya und Yokohama (Kap. 30 und 31) nur 30 Minuten.

12. Das Wolkenkratzerviertel in Shinjuku   Di–Fr   **5 km**

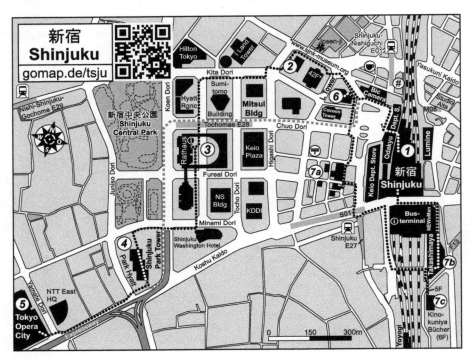

12.1. Bahnhof Shinjuku [JY17]

Shinjuku **[E27, M08, S01]** ist ein Ort der Superlative. Der weitverzweigte Bahnhof ist mit täglich 3–4 Millionen Pendlern der am meisten frequentierte Bahnhof der Welt. Verlassen Sie den JR-Bahnsteig über den nördlichsten Treppenabgang. Am Ausgang **West Exit** laufen Sie einfach geradeaus und entkommen über den **Treppenaufgang 1** dem unterirdischen Labyrinth. Wenn Sie dann oben direkt gegenüber die Rolltreppe hochfahren, führt der Weg komplett über Fußgängerbrücken und wenige Stufen bis zum **Shinjuku Nomura Building**. Wer lieber sofort zur Hauptattraktion dieser Tour will, der folgt den Schildern zum **Tokyo Metropolitan Government Building (TMGB)**. Der Weg dorthin in weitgehend unterirdisch beschildert, daher sieht man nicht besonders viel.

Tipp: Alternativ fahren Sie gleich mit der Oedo-Linie bis **Tochomae [E28]** und beginnen die Tour beim Rathaus **Tokyo Metropolitan Government Building**.

12.2. Hibiki Dynamic Kitchen & Bar

Falls Sie an Werktagen zur Mittagszeit am **Shinjuku Nomura Building** vorbeikommen, können Sie im Restaurant Hibiki im 49F nicht nur eine tolle Aussicht über Shinjuku genießen, sondern auch günstig zu Mittag essen. Für 1200 ¥ gibt es ein Hauptgericht zur Auswahl und inbegriffen sind alkoholfreie Getränke sowie ein Buffet mit Salaten, Suppe und Nachtisch. Keine engl. Karte, am Abend ab circa 4500 ¥. *Mo–Fr 11:30–14:30, 17–23 Uhr. www.dynac-japan.com/hibiki*
                                                                 03-5909-7180

12.3. Rathaus Tokio E28 ☂

Das Rathaus von Tokio (**Tokyo Metropolitan Government**) wurde vom japanischen Architekten *Kenzo Tange* entworfen. Die äußere Form erinnert mit ihren zwei Türmen an eine Kathedrale während die Oberfläche aus Granit und Stahl der Optik eines Halbleiterchips ähnelt. Zum 45. Stock sowohl des Südturms wie auch des Nordturms haben Besucher kostenfreien Zutritt und von dort aus einen der herrlichsten Blicke über Tokio. An klaren Tagen, vor allem im Winter, sehen Sie sogar den Fuji-san. *Die Öffnungszeiten variieren, aber 9:30–23 Uhr ist immer mindestens ein Turm zugänglich, 29.–31.12. und 2.–3.1. sind beide geschlossen.*
www.metro.tokyo.jp/english 03-5321-1111

Tokyo Metropolitan Government Building

12.4. Shinjuku Park Tower

Der Shinjuku Park Tower wurde ebenso vom Architekten *Tange* entworfen. Das Gebäude beherbergt auch das Hotel **Park Hyatt Tokyo**, bekannt durch den Kinofilm *Lost in Translation* mit dem Schauspieler *Bill Murray*. Der Shinjuku Park Tower hat für jeden etwas zu bieten. Im Untergeschoss befinden sich normalpreisige Restaurants, während man im 52. Stock beim **New York Grill** auserlesene Speisen aus der offenen Küche serviert bekommt. Ein guter Kompromiss ist es, einen Kaffee in der **Peak Lounge** zu trinken. Außerdem empfehle ich Ihnen, das **Living Design Center Ozone** zu besuchen.
www.shinjukuparktower.com 03-5322-6640

12.5. Tokyo Opera City

Wer jetzt noch nicht genug von Geschäften und vom Laufen hat, dem empfehle ich die circa 500 m entfernte **Tokyo Opera City**. Neben Theatern und Opernhaus sind dort einige Restaurants sowie Modegeschäfte.
www.operacity.jp/en 03-5353-0700
Am sehenswertesten dort ist das **ICC (NTT InterCommunication Center)**, eine modern gehaltene Kunstausstellung mit wechselnden Ausstellungen zeitgenössischer Künstler. Die kostenlose Dauerausstellung **Open Space** zeigt Hightech-Kunst zum Anfassen.
Di–So 11–18 Uhr. *www.ntticc.or.jp*
Tipp: Sie können vom Shinjuku Park Tower mit einem kostenlosen Shuttlebus zurück zum Shinjuku-Bahnhof fahren. Der Bus wartet am südlichen Ausgang des Park Towers und hält vor dem **Shinjuku L Tower**.

12.6. Nikon Salon & Nikon Plaza ☂20

Im 28. Stock des **L-Towers** hat Nikon einen Ausstellungsraum namens **Nikon Salon** mit wechselnden Fotoausstellungen. Außerdem gibt es einen Service-Counter und Produkte zum Ausprobieren. *Täglich 10:30–18:30 Uhr.*
www.gomap.de/tnis 03-3344-0565

12.7. Einkaufen in Shinjuku F13 ☂ E8

In der Umgebung des Bahnhofs gibt es viele Einkaufsgelegenheiten. Der vorgeschlagenen Route folgend, kommt zunächst das Hauptgeschäft von **Yodobashi Camera (7a)**: Die Läden sind nach Themen wie Multimedia, Kamera, Drucker, Videospiele und Service sortiert auf mehrere Gebäude verteilt. Südöstlich vom Bahnhof Shinjuku gibt es den **Takashimaya Times Square (7b)**, hier findet man Kleidung und eine Filiale von Tokyu Hands. Vom 13F bei den Restaurants sehen Sie vom Dach auf den **Shinjuku Gyoen**.
Tipp: Südlich davon befindet sich im 6F **Books Kinokuniya Tokyo (7c)**, wo Sie eine große Auswahl englischer Bücher und sogar eine Ecke mit **deutschen Reiseführern** und Belletristik finden.

13. Meiji-Schrein und junges, verrücktes Japan   Di–So   **7 km**

13.1. Bahnhof Harajuku [JY19]
Bereits beim Aussteigen am **Bahnhof Harajuku** bemerkt der aufmerksame Beobachter, dass hier etwas anders ist. Jugendliche in zum Teil recht ungewöhnlichem Outfit prägen das Erscheinungsbild in Harajuku. Bevor wir uns aber in den Trubel Harajukus stürzen, verlassen wir den Bahnhof am **Ausgang Omotesando** und gehen rechts über die Brücke zum **Meiji-Schrein**.

13.2. Der Meiji-Schrein
Am Eingang der Schreinanlage begrüßt uns das erste Tor, **Ichi-no-Torii**, das anzeigt, dass wir uns nun einem Shinto-Schrein nähern. Der **Meiji-Schrein** ist umgeben von einem großen Wald und wurde zu Ehren von *Kaiser Meiji* sowie seiner Frau *Shoken* 1920 errichtet. Das Originalgebäude wurde 1945 durch einen Luftangriff zerstört und deshalb 1958 wieder im gleichen Stil aufgebaut. Als Baumaterial wurde japanisches Zypressenholz verwendet. Über das Jahr verteilt gibt es div.

Hochzeit am Meiji-Schrein

Veranstaltungen und Feste, aktuelle Termine finden Sie auf der Homepage des Schreins. Am Wochenende finden außerdem immer viele Hochzeiten und Kindstaufen statt. Der meiste Betrieb am Meiji-Schrein ist übrigens zu Neujahr. **Tipp:** Zur Irisblüte im Juni lohnt sich ein Besuch des inneren Gartens **Meiji Jingu Gyoen**. Dort ist es im Vergleich zum übrigen Schreingelände ruhiger. *Tgl. 9–16 Uhr, Eintritt Garten 500 ¥.*

Optional kann man ein Stück in nördliche Richtung weiter wandern. Dort gibt es das Schatzhaus oder **Treasure Museum**, das Besitztümer des Kaiserpaares ausstellt. *Die Öffnungszeiten des Schreins wechseln monatlich. Juni 5–18:30 Uhr, Dez. 6:40–16 Uhr. Das Treasure Museum öffnet nur an Wochenenden, Feiertagen und bei den Schreinfesten. 9–16 Uhr, Eintritt Museum 500 ¥. www.meijijingu.or.jp/english* 03-3379-5511

13.3. Yoyogi-Park

Der **Yoyogi-Park** ist der größte Park in Tokio und wurde auf dem Gelände errichtet, wo 1964 ein Großteil der Olympischen Spiele abgehalten wurde. Am Wochenende gibt es Elvis-Doubles, Musikgruppen, Komödianten, Artisten, Zauberer und Sänger. *Tipp:* Es ist einer der wenigen Parks in Tokio, bei dem das Betreten der Grünflächen erlaubt ist, was zu einem Picknick einlädt. Am südlichen Ende befinden sich zwei von *Kenzo Tange* entworfene Stadien. Das **National Yoyogi Stadium** wird im Sommer als Schwimmbad und im Winter zum Eislaufen genutzt.
www.gomap.de/tyop 03-3469-6081

Elvis-Doubles am Yoyogi-Park

13.4. Omotesando

Zurück aus dem Park ist unser nächstes Ziel die **Omotesando**. Übersetzt heißt das so viel wie »Straße vor dem Schrein«. An dieser Straße reihen sich einige exklusive Läden, Restaurants sowie Cafés. Dank des breiten Gehwegs und der vielen Bäume, die im heißen Sommer Schatten spenden, ist dies eine bevorzugte Einkaufsmeile. Wer nach günstigen asiatischen Souvenirs sucht, wird im **Oriental Bazaar** fündig. 03-3400-3933
Auf der anderen Straßenseite befinden sich die **Omotesando Hills**. Dieser 2006 vom berühmten Architekten *Tadao Ando* fertiggestellte Komplex beherbergt Shops für Mode, Lifestyle, Einrichtung und Kunst sowie trendige Cafés und Restaurants.
www.omotesandohills.com 03-3497-0310

13.5. Killer Dori

Die **Killer Street** ist eine Mischung aus Galerien, Boutiquen, stylischen Restaurants und Wohngebiet. Besonders zu empfehlen ist ein Besuch des Kunstmuseums **Watarium Museum of Contemporary Art**. *Di–So 11–19 Uhr, Mi 11–21 Uhr, Eintritt 1000 ¥. www.watarium.co.jp* 03-3402-3001
Gleich in der Nähe des Museums ist in einer Seitenstraße der Fotobuchladen **Shelf**.

13.6. Cat Street

Langsam nähern wir uns dem verrückten Harajuku und biegen links vor der Streamer Coffee Company in die **Cat Street** ein. Dort schaffen kleinere Geschäfte und coole Cafés eine relativ entspannte Atmosphäre. Früher war hier ein Bach, der kanalisiert wurde.

13.7. Takeshita Street

Zum krönenden Abschluss unserer Harajuku-Tour biegen wir nun nach rechts in die **Takeshita-Straße** ein. Hier begegnen wir dem originalen Harajuku mit seinen verrückten Kids und total ausgeflippten Modeläden. Am Wochenende schieben sich ungeheure Menschenmassen durch die enge Straße. Interessant sind die Kostüme mancher Frauen und auch Männer, die sich wie ihre Comic-Idole verkleiden. Am oberen Ende der Takeshita Street angekommen liegt der **Eingang Takeshita** des **Bahnhofs Harajuku** direkt gegenüber der Straße.
www.takeshita-street.com

14. Shopping und die Jugend Japans   Di–So   **3 km**

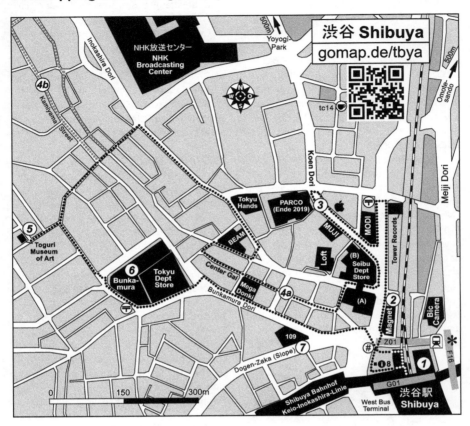

14.1. Bahnhof Shibuya [JY20]

Den **Bahnhof Shibuya [F16, G01, Z01]** verlassen wir über den nordwestlichen **Hachiko-Ausgang** oder den **Ausgang 8**, falls wir mit der U-Bahn kommen, und begeben uns ins Getümmel auf dem Bahnhofsvorplatz direkt an der berühmten **Shibuya-Kreuzung (#)**. Ein beliebter Treffpunkt ist die bronzene Statue eines Hundes mit Namen *Hachiko*. Der Hund lebte am Anfang des 20. Jahrhunderts und holte jeden Tag sein Herrchen – einen Universitätsprofessor – vom Bahnhof ab. Nachdem der Professor starb, ging der treue Hund jahrelang jeden Tag zur üblichen Zeit zum Bahnhof Shibuya und wartete auf ihn.

Dem treuen Hund zu Ehren hat man 1934 dieses Denkmal hier errichtet:

Hachiko-Denkmal

14.2. Magnet by Shibuya 109
Fahren Sie mit dem Fahrstuhl aufs Dach und haben dort den besten Blick auf die Kreuzung. Für zusätzlich 1000¥ gibt es ein Selfie mit einer Überkopf-Kamera. *Täglich 11–23 Uhr.*
www.shibuya109.jp/MAGNET

14.3. Koen Dori
Entlang der **Koen Dori** »Parkstraße« befinden sich viele Modeboutiquen und eine Filiale von **MUJI**. Der **Seibu Department Store** gehört zur Eisenbahngesellschaft Seibu.
Tipp: Hervorzuheben ist das neue Kaufhaus **MODI** an der Ecke, welches sofort durch seine grün bepflanzte Fassade auffällt.
www.0101.co.jp/721   03-4336-0101

Koen Dori und MODI

14.4. Center-Gai und Kamiyama Street
In der engen Straße **Center-Gai (4a)** reihen sich Kleider-, Musikläden und Videospielhöllen aneinander. Neben der Takeshita Dori in Harajuku ist auch diese Straße eine Brutstätte neuer Trends, hier ist immer wieder etwas Neues zu entdecken. Nach der Center-Gai laufen wir bis zum Geschäft **Tokyu Hands**, der Kette für Heimdekoration und Do-it-Yourself-Artikel.   *www.center-gai.jp*
www.tokyu-hands.co.jp   03-5489-5111
Optional können Sie noch in einem kleinen Rundgang die **Kamiyama Street (4b)** über die eingezeichnete dunkelgraue Route erkunden. Entlang derer gibt es viele Läden und kleine Kneipen. *Tipp:* Wer nicht die gleiche Straße zurücklaufen will, nimmt einfach den schmalen begrünten Weg, der parallel zur Kamiyama Street zurück zur Hauptroute führt.

14.5. Toguri Museum of Art
Das **Toguri Museum of Art** richtet sich in erster Linie an die Liebhaber alter bemalter Keramiken, die in zwei Räumen im oberen Stockwerk ausgestellt werden.
Di–So 10–17, Fr 10–20 Uhr, Eintritt 1000 ¥.
www.toguri-museum.or.jp   03-3465-0070

14.6. Bunkamura
Das **Kulturzentrum Bunkamura** beherbergt eine große Konzerthalle (2000 Sitze), das **Cocoon-Theater**, ein exzellentes Kunstmuseum, mehrere Kinos, verschiedene Geschäfte, Restaurants und Cafés. Hervorzuheben sind die Kunstbuchhandlung **NADiff modern** sowie das **Les Deux Magots Paris**.
www.bunkamura.co.jp   03-3477-9111
Der Weg zurück zum Bahnhof geht über die Bunkamura Dori. Am Ende dieser Straße liegt das Kaufhaus **Ichimarukyu – 109**.
www.shibuya109.jp   03-3477-5111

Kaufhaus Ichimarukyu – 109

14.7. Dogen-Zaka
Die Straße **Dogen-Zaka** führt einen kleinen Hügel hinauf, auf dem es viele Love Hotels gibt. Diese berühmten Stundenhotels werden von Liebespaaren und Verheirateten wegen der hellhörigen Apartments benutzt.
Tipp: Auf *www.couples.jp* kann man Love Hotels suchen und Zimmerfotos anschauen.

15. Museen für Fotografie und für Bier   Di–So   **5 km**

15.1. Bahnhof Ebisu [JY21, H02]

Wir verlassen den **Bahnhof Ebisu** über den **Ostausgang** und biegen gleich nach rechts ab, um zum **Skywalk** zu gelangen. Der Skywalk erinnert an ein Laufband wie am Flughafen und verkürzt den etwas weiten Weg zum **Ebisu Garden Place**.

Ebisu Garden Place

Am Ort des **Ebisu Garden Place** war früher das Industrieareal einer Bierbrauerei beheimatet. Nun gibt es dort unter anderem die Zentralverwaltung der **Sapporo-Brauerei**, ein Kaufhaus von **Mitsukoshi**, ein Kino, zahlreiche Restaurants und sogar eine große Bierhalle sowie das **Tokyo Photographic Art Museum**, das unsere erste Anlaufstelle ist.

15.2. Tokyo Photographic Art Museum

Dieses gut ausgestattete Museum widmet sich ganz der Fotografie und lockt das fotobegeisterte Publikum mit ausgezeichneten wechselnden Themen in drei großen Ausstellungsgalerien an. Geboten wird ein breites Spektrum von historischen Aufnahmen aus den Anfängen japanischer Fotografie über international anerkannte Fotografen bis hin zu Computer- und Videokunst.

Besuchen Sie auch die **Buchhandlung NADiff BAITEN** im 2F oder das Café **Masion ICHI** im 1F. *Di–So 10–18, Do–Fr 10–20 Uhr, der Eintritt variiert je nach Ausstellung.*
www.topmuseum.jp   03-3280-0099

15.3. Garden Place Tower

Eine große Auswahl der unterschiedlichsten Restaurants und Geschäfte bietet für jeden Geschmack etwas. **Tipp:** Fahren Sie mit dem Fahrstuhl bis ins 38F/39F und genießen Sie die kostenlose Aussicht über Tokio.
www.gardenplace.jp   03-5423-7111

15.4. Yebisu Beer Museum

Ein kurioses Museum ist das **Yebisu Beer Museum**. Hier geht es nur um Bier und die Geschichte der Yebisu-Brauerei. Sie können bei einer kostenpflichtigen Führung eine Bierprobe machen. Die Führungen werden leider nur auf Japanisch angeboten. *Di–So 11–19 Uhr, Eintritt frei.*
www.gomap.de/tbmy   03-5423-7255

15.5. Daikanyama

Daikanyama ist nicht nur ein exklusives Wohnviertel mitten in Tokio, sondern auch ein Viertel, das viele edle Modegeschäfte und Designerstores beheimatet. Daneben gibt es auch kleine Kunstgalerien und Musikläden. Bei unserem Spaziergang durch **Daikanyama** kommen wir zunächst in die **Hachiman Dori**. Vielfältige Einkaufsmöglichkeiten gibt es bei **Tenoha Daikanyama (5a)** und auch **Daikanyama Address (5b)**. Danach durchstreifen wir einige kleine Seitenstraßen, bevor wir in die breite **Kyu-Yamate Dori** einbiegen. Etwas weiter oben kommt man zu **Tsutaya Books (5f)**, wo auf drei Gebäude verteilt eine riesige Auswahl an Büchern und Musik angeboten wird. Ein Starbucks und die gemütliche Lounge **Aijin** laden zum Verweilen ein. **Tipp:** Noch schöner sitzt man aber gegenüber im Straßencafé **Caffe Michelangelo (5e)** .   03-3770-9517

Weiter unten aus architektonischer Sicht berühmt sind die seit 1969 über einen Zeitraum von 30 Jahren vom Architekten *Maki Fumihiko* entworfenen Gebäude der **Hillside Terrace (5d)**. Neben Geschäften, Cafés und Restaurants sind hier auch einige Galerien.
www.tsite.jp/daikanyama   03-3770-7555
www.hillsideterrace.com   03-5489-3686
www.daikanyama.ne.jp

Tsutaya Books – Daikanyama T-Site

15.6. Kyu Asakura House

Zum Abschluss entfliehen wir dem ganzen Trubel der Großstadt und besuchen ein altes Wohnhaus aus der Taisho-Zeit. Das 1919 erbaute **Kyu Asakura House** ist von einem schön angelegten Garten umgeben. Genießen Sie die Ruhe, setzen Sie sich auf den Tatamiboden und lassen Sie den Blick durch eine Schiebetür in die Natur schweifen.
100 ¥, Di–So 10–18, Nov–Feb 10–16:30 Uhr.
www.gomap.de/tkah   03-3476-1021

Kyu Asakura House

16. Eine grüne Oase mitten in Tokio   Do–So   **4 km**

16.1. Bahnhof Meguro [JY22, I01, N01]
Am **Meguro-Bahnhof** wählen wir den östlichen Ausgang **East Exit**, um zur **Meguro Dori** zu gelangen. Nach 600 m Fußweg kommen wir an eine große, umzäunte Parkanlage. Darin befindet sich das **Teien-Kunstmuseum**.

16.2. Teien-Kunstmuseum
Einst wohnte hier der *Prinz Asaka*. Er hatte mit seiner Frau (*Prinzessin Nobuko*, 8. Tochter des *Kaisers Meiji*) Europa bereist und sogar für drei Jahre in Paris gelebt. Beeindruckt vom Art-Déco-Stil ließ er sich 1933 eine prunkvolle Villa in diesen schön gelegenen Park bauen. Entworfen wurde die Villa vom Franzosen *Henri Rapin*. Teile des Innenausbaus wurden extra von Frankreich eingeführt. Weil aber das kaiserliche Hofamt die Planung und Innenausstattung durchführte, ist das Gebäude bemerkenswert für seine Kombination der Stilelemente des Art Déco mit der traditionellen japanischen Architektur.   03-3443-0201

Seit 1983 dient das Gebäude für verschiedene wechselnde Kunstausstellungen und schon wegen der schönen Parkanlage mit See sowie japanischem Garten lohnt sich der Besuch. Die Kuchen im **Café TEIEN** sind eine Augenweide. *Tgl. 10–18 Uhr außer am 2. und 4. Mi im Monat, Eintritt variiert.* **Tipp:** Für 200 ¥ kann man auch nur den Garten besuchen und das Gebäude von außen betrachten.   *www.teien-art-museum.ne.jp*
Fünfzig Meter weiter ist der separate Eingang des **National Park for Nature Study**.

16.3. National Park for Nature Study
Einst war Tokio ein Urwald – irgendwie so fängt wohl die Stadtgeschichte an und hier ist tatsächlich das einzige Stück Wald in seiner ursprünglichen und wenig vom Menschen beeinflussten Form erhalten geblieben. Das 200.000 Quadratmeter große, zum *National Science Museum* gehörige Gebiet dient Studienzwecken und ist Naturfreunden gegen Zahlung eines Eintrittsgeldes zugänglich. Es gibt dort über 8000 Bäume, von denen einige bis zu 500 Jahre alt sind. Die Anzahl der Besucher die sich gleichzeitig im Park aufhalten dürfen, ist auf 300 begrenzt. Auf dem Gelände gibt es, neben viel Wald, einen See, Tümpel und Moorgebiete.
Di–So 9–16:30 Uhr, Mai–August 9–17 Uhr, Einlass bis 16 Uhr, Eintritt 310 ¥.
www.ins.kahaku.go.jp   03-3441-7176

Eingang zum Teien-Kunstmuseum (#)

16.4. Gaien-Nishi Dori

Keine 200 m vom Eingang des Parks beginnt die **Gaien-Nishi Dori**. Diese von viel Grün umgebene, breite Straße mit Modeboutiquen sowie exklusiven Restaurants und Cafés zieht sich 4 km lang über Hiro-o, Aoyama bis nach Shinjuku. Bei gutem Wetter kann man teilweise in Straßencafés sitzen und das Geschehen beobachten. Gerade am Wochenende bestimmen hier teure Nobelkarossen das Straßenbild. 03-3442-4060
Etwa auf halber Höhe der eingezeichneten Route fällt ein seltsam geformtes, grünes Haus auf der rechten Seite sofort auf. Dieses wurde vom französischen Stardesigner *Philippe Starck* entworfen. Der Name dieses Gebäudes ist **Nani Nani**, was auf Deutsch einem verwunderten »Was ist denn das?« nahe kommt. 03-3440-2595

Von Philippe Starck entworfenes Haus

16.5. Läden Biotop und Amahare

350 m weiter auf der gleichen Straßenseite befindet sich das Geschäft **Biotop (5a)**, es bietet Naturkosmetik, Düfte und Kleidung. Auf dem begrünten Balkon des Restaurants im oberen Stockwerk sitzt man sehr schön.
www.biotop.jp 03-5449-7720
Tipp: Kreuzen Sie die Straße am Zebrastreifen und besuchen auch den sehr stilvoll eingerichteten Laden **Amahare (5b)**. Hier kaufen Sie hochwertiges japanisches Geschirr und andere ausgesuchte Produkte in allen Preislagen. *Do–Di 11–19:30 Uhr.*
www.amahare.jp 03-3280-0766

16.6. Soba-Restaurant »Toshian«

In einem schönen alten Häuschen gibt es sehr gute Soba- und Udon-Nudeln, die man sowohl kalt als auch heiß genießen kann. Eine englische Karte ist vorhanden. ***Tipp:*** Norikake, das sind kalte Buchweizennudeln mit darüber gestreuten Algenblättern für 1050 ¥. Vergessen Sie nicht, am Ende das kostenlose Nudelkochwasser *Soba-yu* zu verlangen, das man in die verbliebene Sauce gießt und als Suppe trinkt. *gomap.de/tsob Mi–So 11:30–19:30 Uhr.* 03-3444-1741
Falls Sie mehr solcher Restaurantempfehlungen für Ihre Erkundungen in Tokio möchten, dann empfehle ich Ihnen mein Buch **»Genießen in Tokio: 100 Restaurants und Cafés«**. Neben der Textbeschreibungen gibt es zu jedem Restaurant ein Farbfoto des empfohlenen Gerichts und ein Foto von außen zur einfacheren Orientierung.

16.7. Bahnhof Shirokanedai [I02, N02]

Der nächste Bahnhof ist **Shirokanedai** (Eingang 1) der Toei-Mita- und Namboku-Linie. Alternativ können Sie den gleichen Weg zu Fuß zurück zum **Bahnhof Meguro** laufen.

16.8. Daien-ji-Tempel +0,6 km

Wer zum Bahnhof Meguro zurückkehrt, kann noch diesen Tempel besuchen, der nicht in der Karte eingezeichnet ist. Südwestlich des Bahnhofs befindet sich eine große Kreuzung, an der sich vier Straßen treffen. Die schmalste dieser Straßen heißt *Gyonin-zaka*, sie führt nach 150 m direkt zum 1624 erbauten **Daien-ji-Tempel**. Weil im Jahre 1772 im Tempel ein Feuer ausbrach, das ein Drittel von Edo in Schutt und Asche legte, durfte der Tempel erst im Jahre 1848 wieder aufgebaut werden. Die Sehenswürdigkeiten des Tempels sind 519 Steinstatuen Buddhas und seiner Schüler, die zur Buße für das ausgebrochene Feuer errichtet wurden. Die hölzerne Buddha Statue *Shaka Nyorai*, wird bei speziellen Anlässen gezeigt.
www.gomap.de/tdai 03-3491-2793

17. Gemütliches Tokio – Kiyosumi und Ningyocho   Di–Sa   **3 km**

17.1. Bahnhof Kiyosumi-Shirakawa
Hier kreuzen sich die **Hanzomon-** und die **Oedo-Linie [E14, Z11]**. Verlassen Sie den Bahnhof am **Ausgang A3**, dieser ist sowohl dem Eingang des **Kiyosumi-Gartens** als auch dem **Fukagawa-Edo-Museum** am nächsten.

17.2. Kiyosumi-Garten
Nur an der nordwestlichen Ecke gibt es einen Zugang zum Garten, der über drei Generationen von der Familie Iwasaki angelegt wurde. Im großen Teich sind Karpfen, Schildkröten und Enten, aber das Besondere dieses Gartens sind die vielen platzierten Steine, die entweder bestimmte Landschaften darstellen sollen oder dazu dienen, über den Teich zu laufen. *Tgl. 9–17 Uhr, 150 ¥. www.gomap.de/tkiy*   03-3641-5892

17.3. Fukagawa-Edo-Museum
Dieses kleine Heimatmuseum vermittelt seit fast 40 Jahren sehr anschaulich die Lebensweise zur Edo-Zeit. Dazu wurde ein kleines Viertel von um circa 1830 mit Läden, Lagerhaus, Bootshaus und Feuerwachturm nachgebaut und mit Beleuchtungseffekten und Hintergrundgeräuschen angereichert.
*Täglich 9:30–17 Uhr, am 2. und 4. Montag im Monat geschlossen, Eintritt 400 ¥.
www.kcf.or.jp/fukagawa*   03-3630-8625

Fukagawa Edo Museum

17.4. Bahnhof Suitengumae [Z10]
Von **Kiyosumi-Shirakawa** fahren Sie nur eine Station bis **Suitengumae**. Alternativ gehen Sie in 15 Minuten über die Brücke **Kiyosu-bashi** und lassen dabei den Blick über den Sumidagawa schweifen. Beachten Sie die Pfeile und die graue Punktlinie in der Karte.

17.5. Schrein Suitengu
Vom **Ausgang 5** ist das 2016 neu aufgebaute Schreingebäude bereits zu sehen, doch befindet sich der Eingang zum Schreingelände auf der anderen Seite und ist durch eine Treppe zu erreichen. Hier bitten viele Paare um Fruchtbarkeit und lassen bei Erfolg ihren Nachwuchs taufen. Doch weil Platz in Japan knapp ist und die Besucher irgendwo parken müssen, befindet sich im

Gebäude unterhalb des Tempels gleich auch ein großes Parkhaus. *Täglich 7–17 Uhr.*
www.suitengu.or.jp   03-3666-7195

Suitengu

17.6. Bäckerei Tanne
Wer Sehnsucht nach deutschem Brot oder Kuchen hat, bekommt das in der Bäckerei Tanne zu moderaten Preisen auch in Japan von einem deutschen Bäckermeister gebacken. Ein kleines Café mit Sitzgelegenheit ist mit dabei. *Mo–Fr 8–19, Sa 8:45–18 Uhr.*
Tipp: Eine kleine Brezel (151 ¥) oder für süße Leckermäuler ein »Streusel« (162 ¥) dazu einen Kaffee (345 ¥).   03-3667-0426
www.gomap.de/tc17

17.7. Amazake Yokocho
Diese kleine Einkaufsstraße hat ihren Namen von dem süßen Getränk, welches aus fermentiertem Reis hergestellt wird. Sie können einen Becher *Amazake* im Laden kaufen, der sich gleich rechts neben dem Teegeschäft **Morinoen (7a)** befindet. Die vielen kleinen Läden sind ideal, um sich mit Souvenirs einzudecken, egal ob traditionelles Spielzeug, kleine Accessoires oder süße und salzige Kekse. Die knusprigen *Ningyoyaki*, die es bei **Itakuraya (7b)** gleich neben dem **Ausgang A1** des Bahnhofs Ningyocho gibt, sind nur drei Tage haltbar, weshalb ich sie immer am Tag vor dem Rückflug dort kaufe.
www.morinoen.com   03-3667-2666
www.itakuraya.com   03-3667-4818

17.8. Tamahide
Das Restaurant gibt es seit 1760 und hier wurde *Oyakodon* erfunden, was wörtlich übersetzt „Mutter und Kind" bedeutet: Es handelt sich um kleine Stückchen Hühnerfleisch und Rührei auf Reis. Abends ist es teuer, aber mittags gibt es das Gericht für nur 1500¥, und da es wirklich eines der besten *Oyakodon* ist, bilden sich oft lange Schlangen. *Tgl. 11:30–13:30, 17:30–21 Uhr.*
Tipp: Kommen Sie am Mittag mindestens 15–30 Minuten bevor das Restaurant öffnet.
www.tamahide.co.jp   03-3668-7651

17.9. Meijiza-Theater
Die Geschichte des Kabuki-Theaters geht auf das Jahr 1873 zurück und hat damit eine längere Geschichte als das beliebte Kabukiza (Kapitel 4). Neben Kabukivorstellungen für japanisches Publikum (keine Übersetzung über Ohrhörer) gibt es gelegentlich auch speziell auf Touristen ausgerichtete Vorstellungen am Abend, weshalb es sich lohnt, das aktuelle Programm zu prüfen.
www.meijiza.co.jp   03-3660-3939

Amazake Yokocho

17.10. Bahnhof Ningyocho [A14, H13]
Der **Ausgang A1** des U-Bahnhofs Ningyocho an der **Asakusa-** und **Hibiya-Linie** liegt am nächsten am Amazake Yokocho, für das Tamahide ist der **Ausgang A2** näher. Vom Meijiza-Theater aus bietet sich auch der **U-Bahnhof Hamacho [S10]** (Ausgang A2) an der **Shinjuku-Linie** an.

18. Vom Buchladen- zum Teewasserviertel   Di–Fr   **4 km**

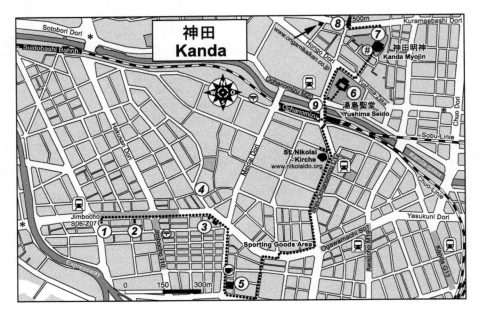

18.1. Bahnhof Jimbocho [I10, S06, Z07]
Am **Bahnhof Jimbocho** wählen wir den **Ausgang A1**, um von dort unsere Tour durch das Buchladenviertel zu starten.

18.2. Das Buchladenviertel
Entlang der **Yasukuni Dori** erstreckt sich die sogenannte **Kanda Bookshop Area** mit unzähligen kleinen Buchläden. Hier bekommen Sie alles, angefangen von teuren, raren Antikbüchern bis hin zu billigen, gebrauchten Groschenheften. Außerdem finden Liebhaber von alten Holzschnitten hier alteingesessene Geschäfte mit reicher Auswahl und im Vergleich zu Europa günstigeren Preisen. **Hara Shobo** gibt es seit 70 Jahren, das Geschäft befindet sich nahe der Kreuzung oberhalb der eingezeichneten ② auf der Karte. *jimbou.info*

18.3. Ohya Shobo und Sanseido
Ein weiterer Händler mit reichhaltiger Holzschnittauswahl ist **Ohya Shobo**. Ganz in der Nähe befindet sich außerdem der Laden **Sanseido Bookstore**, das einzige größere Buchgeschäft, das sich über mehrere Stockwerke erstreckt. Es bietet im obersten Stockwerk aktuelle ausländische Bücher an. *Buchläden meistens Di–Sa 10–18 Uhr.*
www.harashobo.com   03-3261-7444
www.ohya-shobo.com   03-3291-0062
www.books-sanseido.co.jp 03-3233-3312

18.4. Udon Maruka
Vor diesem Udon-Restaurant bildet sich bereits vor der Öffnung um 11 Uhr eine Schlange, denn hier gibt es die besten hausgemachten Nudeln, wie man sie in Shikoku schätzt. Ich empfehle Ihnen die **Kake-udon** für 420 ¥, als Beilage passt gut Gemüse-Tempura **Yasaitenmori** für 300 ¥. Innen gibt es keine englische Karte und fotografieren darf man im Restaurant lediglich sein Essen.
www.gomap.de/tmar   03-3294-1320
Mo–Fr 11–19:30, Sa 11–14:30 Uhr.

Udon Maruka

18.5. Papierhändler TAKEO
TAKEO wurde 1899 gegründet und handelt mit hochwertigen Papieren. In seinem futuristisch ganz in weiß gestalteten Geschäft kann man aus einer riesigen Anzahl von Papiermustern auswählen. Schöne Papiere für den Visitenkartendruck oder Notizbücher sind das ideale Geschenk für den Papierliebhaber. **Tipp:** Im OG gibt es zusätzlich wechselnde Ausstellungen zu den Themen Papier-, Buchdesign und Typografie. *Mo–Fr 10–19 Uhr. www.takeo.co.jp*   03-3292-3669

18.6. Yushima Confucian Shrine
Der konfuzianische Yushima-Schrein (jap. **Yushima Seido**) – nicht mit dem *Yushima Tenjin* verwechseln – wurde 1690 von der Edo-Regierung als Lehranstalt für den Konfuzianismus gegründet. Eine Statue des chinesischen Philosophen steht am Eingang des Schreins. *Tgl. 9:30–16 Uhr, Mai–Okt. bis 17 Uhr.   www.seido.or.jp*   03-3251-4606

18.7. Kanda-Myojin-Schrein
Der **Kanda-Myojin-Schrein** verfügt über eine über 1000 Jahre alte Geschichte und besticht durch sein großes Schreingebäude in roter sowie goldener Farbe. In ungeraden Jahren wird im Mai das große Schreinfest **Kanda-Matsuri** mit 70 Trageschreinen abgehalten. **Tipp:** Im Ende 2018 neu eröffneten **EDOCCO** können Sie Souvenirs kaufen, Matcha Parfait genießen oder im B1F Kimonos ausleihen. *www.kandamyoujin.or.jp*   03-3254-0753

18.8. Yushima-Tenjin-Schrein
Der letzte Schrein, den wir nun besuchen wollen, ist der **Yushima-Tenjin-Schrein**. Er ist nicht mehr auf der Karte verzeichnet, aber wenn Sie der gepunkteten Route in die kleine Seitenstraße folgen und immer geradeaus laufen, stoßen Sie nach 500 m direkt auf ihn. Dieser Schrein ist Tenjin gewidmet, dem Gott des Lernens und der Wissenschaft. Zum Schrein kommen heute japanische Studenten sowie deren Eltern, um diesem Gott ein Opfer zu bringen, in der Hoffnung, an einer angesehenen Universität die Aufnahmeprüfung zu schaffen. Üblicherweise schreibt man seine Wünsche auf eine Holztafel (japanisch *Ema*) und hinterlässt diese am Schrein. Zur Zeit der Eingangsprüfungen an den Universitäten, sind die Ständer voll mit Holztafeln wie an keinem anderen Schrein. Ende Februar ist wegen der Pflaumenblüte ein guter Zeitpunkt, diesen Schrein zu besuchen. Dann findet das **Ume Matsuri** statt, wobei es zahlreiche Verkaufsstände mit Essen und Spielen für Kinder auf dem Schreingelände und in den angrenzenden Straßen gibt. *www.yushimatenjin.or.jp*   03-3836-0753

Yushima-Tenjin-Schrein

18.9. Bahnhof Ochanomizu [M20]
Zurück geht es entweder zum **Bahnhof Ochanomizu** (Chuo- und Sobu-Linie) oder unweit des Yushima Tenjin zum **Bahnhof Yushima [C13]**, der unterhalb des **Shinobazu-no-ike** (Kapitel 7) an der Chiyoda-Linie liegt.

19. Parlament und der Yasukuni-Schrein   Di–So   5 km

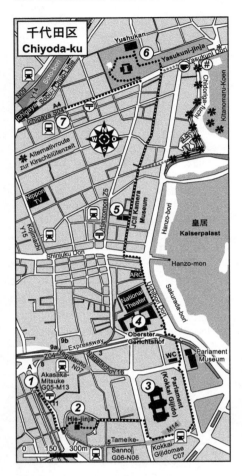

Präfektur *Shiba* errichtet (auch *Hie no kami* genannt). Ursprünglich wurde der Schrein von *Ohota Dokan*, Fürst von Kawagoe, 1478 beim Bau der Burg von Edo auf dem Burggelände errichtet. An seinem heutigen Ort ist dieser Shinto-Schrein erst seit 1659; er war während der Edo-Zeit der bekannteste Schrein in der Hauptstadt. Am Schreinfest, dem **Sanno Matsuri**, das bis heute Mitte Juni zelebriert wird, wohnten selbst die *Tokugawa-Shogune* bei. Höhepunkt des Festes ist die Parade *Shinko Gyoretsu* am 15. Juni. An diesem Tag werden zwei kaiserliche Trageschreine von einem 400-köpfigen Gefolge in Kostümen der Heian-Zeit (9.–12. Jahrhundert) durch die Straßen getragen. Beim *Sanno Matsuri* findet leider nur in geraden Jahren ein großer Umzug statt.
Täglich 6–17 Uhr.
www.hiejinja.net   03-3581-2471

Hie-Schrein

19.1. Bahnhof Akasaka-Mitsuke
Diese Tour beginnt am **Akasaka-Mitsuke-Bahnhof [G05, M13]** (Ginza- oder Marunouchi-Linie) **Ausgang 10**. Alternativ kann man vom **Tameike-Sanno-Bahnhof [G06, N06]** starten und nimmt dort den **Ausgang 5**.

19.2. Hie-Schrein
Der beschauliche **Hie-Schrein** *(Hie-jinja)* liegt auf einem kleinen Hügel der *Hoshiga-oka* genannt wird. Er wurde für *Ohoyamakuni no kami*, den Schutzgott des Hie-Bergs in der

19.3. Japanisches Parlament
Unsere weitere Tour führt uns nun durch das sterile Regierungsviertel **Kasumigaseki**, vorbei am japanischen **Parlamentsgebäude** (National Diet Building – *Kokkai Gijido)*, das 1936 fertiggestellt wurde. Mit 65m Höhe war es einst das höchste Gebäude Japans. Das Gebäude hat zwei Flügel, im linken Flügel ist das Unterhaus *(Shugi-in)* und im rechten Flügel das Oberhaus *(Sangi-in)* untergebracht.
www.gomap.de/tjap   03-5521-7445

Parlamentsgebäude

19.4. Oberster Gerichtshof
Der **Oberste Gerichtshof** *(Saiko Saibansho)* besteht aus einem monumentalen Granitgebäude des Architekten *Shinichi Okada* und wurde 1974 fertiggestellt. 03-3264-8111 Neben dem Obersten Gerichtshof ist das **Nationaltheater** *(Kokuritsu Gekijo)*. Es hat einen großen Saal mit 1610 Sitzen (Kabuki, Buyo, Minzoku Geino und Gagaku) und einen kleinen Saal mit 590 Sitzen (Bunraku).
www.ntj.jac.go.jp/english 03-3265-7411

Tipp: Im **Restaurant Patio** im Hotel Grand Arc Hanzomon eine Mittagspause einlegen. »Shokado-Bento« für 2800 ¥ ist vorzüglich.
www.grandarc.com 03-3288-1636

19.5. JCII-Kamera-Museum
Das **JCII-Kamera-Museum** besitzt mehrere tausend Kameras und widmet sich ganz der Geschichte der Fotografie. JCII steht für *Japan Camera Industry Institute*, ein Institut, das ursprünglich die Qualität exportierter Kameras sicherstellte. *Tipp:* Besuchen Sie auch die kostenlosen Fotoausstellungen des **JCII Photo Salon** im Nachbargebäude.
Di–So 10–17 Uhr, Eintritt 300 ¥.
www.jcii-cameramuseum.jp 03-3263-7110

19.6. Yasukuni-Schrein
Der **Yasukuni-Schrein** (übersetzt »Das friedliche Land«) ist seit 1869 den 2,5 Millionen Seelen geweiht, die in Kriegen für Japan gefallen sind. So sind hier die Seelen einiger Führer der Meiji-Restauration von 1868, Soldaten der beiden Bürgerkriege 1869 und 1877 sowie der Kriege gegen China (1894/05), Russland (1904/05) und der beiden Weltkriege eingeschreint. Familien, die in den Kriegen Vermisste zu beklagen hatten, dient der Yasukuni-Schrein als Ersatz der Grabstätte. Weil darunter auch die einiger Kriegsverbrecher des Zweiten Weltkrieges sind, löst der Schreinbesuch von Politikern in den Nachbarstaaten Korea und China Proteste aus. Vor dem Schrein steht eine Statue von *Omura Masujiro*, Japans erstem Kriegsminister, der 1869 einem Anschlag zum Opfer fiel. Jährlich finden vom 21. bis 23. April und vom 17. bis 19. Oktober Feste am Yasukuni-Schrein statt. Neben dem Schrein gibt es das **Militär-Museum** *(Yushukan)* und hinter dem Schrein noch ein schöner kleiner Garten. *Tipp:* Beeindruckende Exponate des seit 1882 bestehenden Museums sind ein Nachbau eines Kamikaze-Flugzeuges sowie ein bemannter Torpedo *(Kaiten). Museum tgl. 9–16:30 Uhr, Eintritt 800 ¥. Der Schrein öffnet täglich um 6 Uhr und schließt Mai–Aug um 19 Uhr, Nov–Feb schon um 17 Uhr und sonst um 18 Uhr.*
www.yasukuni.or.jp/english 03-3261-8326

Haupthalle des Yasukuni-Schreins

19.7. Bahnhof Ichigaya [N09, S04, Y14]
Der **Ichigaya-Bahnhof** befindet sich etwas weiter die Yasukuni Dori abwärts. Hier kreuzen sich die drei Linien Namboku, Toeihinjuku und Yurakucho.

20. Die Geschichte von den 47 Ronin Di–So 5 km

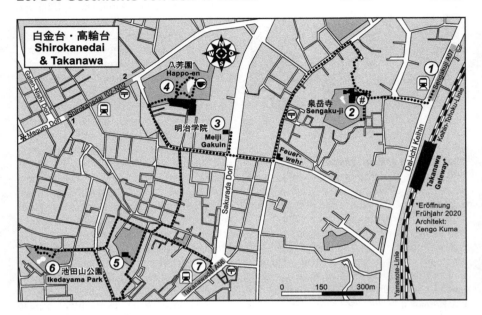

20.1. Bahnhof Sengakuji [A07]
Der **Ausgang A2** des **Bahnhofs Sengakuji** an den Linien Toei-Asakusa und Keihin-Kyuko ist Ausgangspunkt des Spaziergangs zum **Sengaku-ji-Tempel** sowie einigen kleinen und sehr schönen japanischen Gärten.

20.2. Sengaku-ji-Tempel
Berühmt geworden ist dieser buddhistische Tempel durch die Geschichte der 47 Ronin, eine der bekanntesten Samuraigeschichten. Es war 1701 als der temperamentvolle *Asano*, der junge *Fürst von Ako*, wegen einer Kränkung sein Schwert in der Burg von Edo gegen den *Fürsten Kira* zieht. Da das Ziehen eines Schwertes in der Burg von Edo eine Verletzung des Hofprotokolls darstellte, wurde er zum Tod durch *Seppuku* (rituelle Selbsttötung durch Bauchaufschlitzen) verurteilt. Durch diesen Vorfall wurden die Samurai von *Asano* zu herrenlosen Ronin, die ihre Ehre nur durch Ermordung von *Fürst Kira* wieder herstellen konnten.

Um diesen in Sicherheit zu wiegen, zerstreuten sich die 47 Ronin in alle Winde und lebten fast zwei Jahre lang ein lasterhaftes Leben. Dann fanden sie sich wieder zusammen, um *Fürst Kira* zu töten, der inzwischen gar nicht mehr mit einem Angriff gerechnet hatte. Den abgeschlagenen Kopf brachten die Samurai ans Grab von *Asano* – die Ehre war wieder hergestellt. Die 47 Ronin wurden zum Tod verurteilt und begangen rituellen Selbstmord. Im Sengaku-ji-Tempel ist die Grabstätte von *Fürst Asano* und seinen treuen 47 Samurai. *Tgl. 7–17, April–Sept. 7–18 Uhr. www.sengakuji.or.jp 03-3441-5560*

20.3. Meiji-Gakuin-Universität
Auf dem Weg vom Sengaku-ji-Tempel zum Happo-en kommen wir am Gelände der **Meiji-Gakuin-Universität** vorbei. Neben modernen Gebäuden kann man von der Straße aus ein altes Fachwerkgebäude erkennen. Hier handelt es sich um das erste,

1890 nach amerikanischen Plänen errichtete Schulgebäude der damaligen Theologieschule. Neben Klassenräumen und Bücherei war hier die Wohnung des damaligen Direktors *James Curtis Hepburn*, Erfinder des *Hepburn-Systems* zur Übertragung der japanischen Schrift in lateinische Buchstaben.

20.4. Happo-en

Der **Happo-en** ist einer der schönsten japanischen Gärten im Herzen Tokios. Der Garten gehört zur Firma **Happo-en**, die hauptsächlich Hochzeiten durchführt. Jedes Jahr im Oktober wird hier das Tokio Oktoberfest veranstaltet. Es gibt außerdem die Restaurants **Thrush Café** (Französisch), **Enju** (Japanisch) und das historische Teehaus **Muan** unten beim Teich, wo man auch ohne Voranmeldung für 1080 ¥ einen Matcha-Tee mit Süßigkeit bekommt. **Tipp:** Erkunden Sie den schön gestalteten Garten, den Teich mit vielen **Koi-Karpfen** und vor allem die **alten Bonsais** und trinken zum krönenden Abschluss unbedingt einen Matcha-Tee im **Teehaus Muan**. Falls Sie am Eingang gefragt werden, wohin Sie gehen möchten, antworten Sie einfach „zum Teehaus Muan".
www.happo-en.com 03-3443-3111

Bonsais im Garten Happo-en

20.5. Hatakeyama Museum of Fine Art

Seit 1964 besteht das **Hatakeyama Memorial Museum of Fine Art** um Kunstgegenstände mit Bezug zur Teezeremonie stehen zu erhalten sowie deren Anerkennung zu fördern. Die Sammlung des reichen Industriellen *Issei Hatakeyama* (1881–1971) besteht aus Kunstgegenständen aus China, Korea und Japan. Im Wesentlichen sind es Kalligraphien, Porzellan- und Lackarbeiten sowie Nohkostüme. Im oberen Stockwerk gibt es einen Raum für Teezeremonien. Zu den vier Jahreszeiten wechseln die Ausstellungsstücke im Museum. *Di–So 10–17 (April–Sept.), 10–16:30 Uhr (Okt.–März), 700 ¥. Beschriftung nur japanisch, englische Liste erfragen.*
www.gomap.de/thαt 03-3447-5787

Eingang Hatakeyama Museum

20.6. Ikedayama-Park

Der kleine **Ikedayama-Park** fügt sich besonders hübsch in die vorhandenen geographischen Begebenheiten von Berg und Tal ein *(Chisen-Kaiyu-Stil)*. Der Garten gehörte früher zur Edo-Residenz der Familie *Ikeda* (Daimyo von *Bizen*, heute *Okayama-Präfektur*). Besonders schön ist der Garten im Herbst wegen der roten Blätter der Ahornbäume. Sehenswert ist der Park selbst im Winter bei Schnee, was in Tokio zwar selten ist, aber zuweilen doch vorkommt. Mit Schnee wirken die Steinlaternen sehr schön. *Täglich 7:30–17 Uhr, im Juli und August bis 18 Uhr geöffnet.*

20.7. Bahnhof Takanawadai [A06]

Der nächstgelegene Bahnhof ist **Takanawadai** an der Toei-Asakusa-Linie. Alternativ bieten sich die Bahnhöfe **Shirokanedai [I02, N02]** und **Gotanda [A05, JY23]** an.

21. Der Tempelbezirk Asakusa Mi–So 3 km

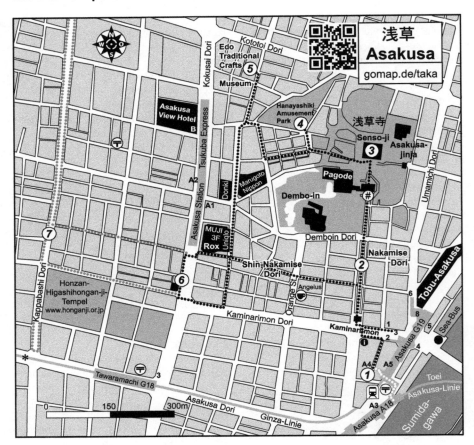

21.1. Bahnhof Asakusa [A18, G19]
Nach **Asakusa** fährt die Ginza- und die Toei-Asakusa-Linie. Falls Sie mit der Ginza-Linie kommen, nehmen Sie den **Ausgang 1** oder **3**, der **Ausgang A4** führt von beiden Linien in eine Seitenstraße beim Asakusa-Tempelbezirk.

21.2. Nakamise Dori
Die **Nakamise Dori** – übersetzt »Straße zwischen Geschäften« – beginnt gleich hinter dem **Kaminari-mon** »Donnertor«. Das Eingangstor des Senso-ji fällt durch eine übergroße Papierlaterne auf.

An der 250 m langen Nakamise Dori gibt es 90 Geschäfte, die Souvenirs, Süßigkeiten usw. anbieten. *www.asakusa-nakamise.jp*

21.3. Senso-ji-Tempel
Nun nähern wir uns der mit Weihrauch geschwängerten Luft des **Senso-ji**, der auch **Asakusa-Kannon-Tempel** genannt wird. *Kannon* ist der Name der Barmherzigkeitsgöttin. Die Geschichte geht zurück bis ins Jahr 628, als zwei Fischer eine Statue der besagten Kannon aus dem Fluss zogen.

Eigentlich wollten die beiden die Statue wieder zurück in den Fluss werfen, was jedoch misslang. Sie brachten die Statue ihrem Herrn, der für die Kannon ein Gebäude errichten ließ. An der gleichen Stelle wurde 1692 der Asakusa-Kannon-Tempel erbaut. Hinter dem Senso-ji steht der von *Tokugawa Iemitsu* errichtete Shinto-Schrein **Asakusa-jinja**. Hier wird am Wochenende des 3. Sonntags im Mai das **Sanja-Matsuri**, das größte Schreinfest in Tokio veranstaltet. Als Höhepunkt des Festes werden über 100 Trageschreine (*mikoshi*) durch die Straßen getragen. Das Ganze wird von Tänzen, Trommeln und Flötenmusik begleitet. Im südwestlich gelegenen **Dembo-in-Tempel** wohnen die Mönche des Senso-ji, er ist der Öffentlichkeit meistens nicht zugänglich.
www.senso-ji.jp   03-3842-0181
www.asakusajinja.jp   03-3844-0032

Senso-ji-Tempel am Abend (#)

21.4. Hanayashiki-Amusement-Park
Ein kleiner, reizender Vergnügungspark der auf einer sehr begrenzten Fläche 24 Attraktionen für Kinder als auch junggebliebene Erwachsene anbietet. *Täglich 10–18 Uhr, Eintritt 1000 ¥, Kinder und Rentner 500 ¥.*
www.hanayashiki.net   03-3842-8780

21.5. Edo Traditional Crafts Museum
Das Museum eröffnet im April 2019 im neuen Glanz, hier dreht sich alles um traditionelle Gegenstände und Kunst aus der Edo-Zeit. Nach Besuch der Nakamise-Straße ist das kostenlose Museum einen Besuch wert, um einen Überblick über die Herstellung von Holz-, Eisen- und Lackwaren zu bekommen. ***Tipp:*** Sa und So werden oft traditionelle Handwerke vorgeführt. *10–20 Uhr. www.gomap.de/tecm*

21.6. Trommel-Museum
Seit 1861 stellt **Miyamoto Unosuke Shoten** japanische Trommeln und andere Musikinstrumente her und verkauft sie hier im Geschäft. Im 4F werden in einem Museum Trommeln aus aller Welt ausgestellt, wobei manche ausprobiert werden können. ***Tipp:*** Wer sich nur für japanische Trommeln interessiert, kann diese auch kostenlos im 2F betrachten. *Tgl. 9–18 Uhr, Museum Mi–So 10–17 Uhr, Eintritt 500 ¥.* 03-3844-2141 *www.miyamoto-unosuke.co.jp*

21.7. Kappabashi Dori   2 km
Wer sich für Läden mit Geschirr und Küchenbedarf interessiert, dem empfehle ich einen Abstecher in die westlich gelegene **Kappabashi Dori**. Vor allem dürften die Geschäfte mit den Plastikmodellen für Sushi und andere japanische Köstlichkeiten als kleine Souvenirs ganz praktisch sein.
www.kappabashi.or.jp/en   03-3844-1225
Der Weg zurück führt über die überdachte **Shin-Nakamise Dori**, die sich 500 m bis zum Bahnhof Tobu-Asakusa hinzieht. ***Tipp:*** Genießen Sie vom Dach der **Touristeninformation** aus den Blick auf **Tokyo Skytree** und **Asahi-Brauerei** (Kap. 9).   03-3842-5566

Touristeninformation am Kaminari-mon

22. Tolle Aussichten und das Druckerei-Museum   Di–So   **5 km**

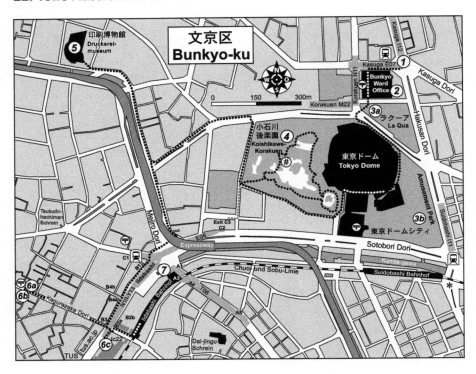

22.1. Bahnhof Kasuga [E07, I12]
Mit der Toei-Mita- oder Toei-Oedo-Linie fahren Sie bis zum **Kasuga-Bahnhof**. Alternativ zum **Korakuen-Bahnhof [M22, N11]** der Marunouchi- oder Namboku-Linie.

22.2. Stadtverwaltung Bunkyo-ku
Folgen Sie der Beschilderung am Ausgang der U-Bahn, so gelangen Sie direkt ins Untergeschoss des **Bunkyo Ward Office** oder **Bunkyo Civic Center** genannt, der Stadtverwaltung von Bunkyo-ku, einer der 23 Stadtbezirke von Tokio. Zunächst fahren Sie mit der Rolltreppe einen Stock höher, um den Fahrstuhl zum 25. Stockwerk zu erreichen. *Tipp:* Die kostenlose Aussichts-Lobby bietet fast eine Rundumsicht und bei klarem Wetter sieht man den Fuji-san eingerahmt von den Wolkenkratzern in Shinjuku.

Bei Nacht schöne Aufnahmen vom Skytree.
Aussichts-Lobby täglich 9–20:30 Uhr.
www.city.bunkyo.lg.jp   03-3812-7111

22.3. Tokyo Dome City
Südlich von der Bunkyo-Stadtverwaltung liegt die **Tokyo Dome City**, berühmt durch den Tokyo Dome, der wegen seines Aussehens auch »**Big Egg**« genannt wird. Dort finden Großveranstaltungen wie Baseball, Konzerte usw. statt. Neben dieser Großhalle sind noch jede Menge andere Vergnügungsattraktionen angesiedelt. Zunächst wäre da **La Qua (3a)** mit großem Bad und Fitnessclub. Dann gibt es das »**Big O**«, ein Riesenrad ohne Mittenaufhängung. Eine weitere Attraktion ist die Achterbahn »**Thunder Dolphin**«. Südlich befindet sich ein weiterer

Amusement Park (3b) mit den Attraktionen Linar Gale, Tower Hacker, Skyflower, Geopanic und Bowlingcenter. *Fahrgeschäfte 10–22 Uhr. Bad schließt nur 9–11 Uhr. Eintritt je nach Wochentag und Zeit 2634–5766 ¥.*
www.tokyo-dome.co.jp/e 03-5800-9999

Tokyo Dome City und Koishikawa Korakuen

22.4. Koishikawa Korakuen

Die Geschichte dieses herrlichen Gartens beginnt im Jahre 1629, als er von *Yorifusa Tokugawa* angelegt wurde. Abgeschlossen wurde der Garten vom Tokugawa-Shogun *Mitsukuni*, der sich vom chinesischen Gelehrten *Shun-Shui* beeinflussen ließ. Dadurch mischen sich im Garten japanische und chinesische Stilelemente. So ist der See inmitten des Gartens typisch für japanische Landschaftsgärten während die Nachahmung berühmter Landschaften chinesischer Stil ist. Der Garten ist besonders schön zur Kirschblüte im Frühjahr sowie zur Laubfärbung im Herbst. In der Zeit dazwischen blühen unter anderem Glyzinen, Azaleen und Iris. Der Garten gehört zu den sieben offiziell besonders sehens- und schützenswerten Naturdenkmälern in Japan. *Täglich 9–17 Uhr, 300 ¥, 29.12.–3.1. geschlossen.*
www.gomap.de/tkok 03-3811-3015

22.5. Das Druckerei-Museum

Das Druckerei-Museum **Printing Museum Tokyo** wird von der Firma *Toppan Printing* betrieben. Die Dauerausstellung gibt einen sehr guten Überblick über die gesamte Geschichte der Druckerei. Dabei werden Technologien, gesellschaftliche Auswirkungen und Arten künstlerischer Ausdrucksformen berücksichtigt. Neben der Dauerausstellung werden wechselnde Ausstellungen mit recht interessanten Themen veranstaltet. *Tipp:* Zusätzlich findet alljährlich zum Jahreswechsel eine Ausstellung der schönsten japanischen und deutschen Bücher statt. *Di–So 10–18 Uhr, 300 ¥.* 03-5840-2300
www.printing-museum.org/en

22.6. Kagurazaka Dori

Durch den oberen Teil der Straße weht einem der Duft des Hojicha entgegen, der vor dem Laden **Rakuzan (6a)** geröstet wird. Gleich gegenüber im Tempel **Zenkoku-ji (6b)** riecht es dagegen nach Weihrauch. Franzosen fühlen sich in Kagurazaka wie zu Hause, weil die gepflasterten Seitenstraßen der **Kagurazaka Dori** irgendwie an Paris und der Wassergraben Sotobori an die Seine erinnern. Dort sitzt man selbst im Winter bei gutem Wetter draußen im **Canal Cafe (6c)** und lässt den Blick über das Wasser schweifen, während man seinen Kaffee schlürft.
www.rakuzan.co.jp   *www.canalcafe.jp*
www.kagurazaka-bishamonten.com
03-3260-3401 03-3260-8068 03-3269-0641

Seitenstraße »Honda Yokocho«

22.7. Iidabashi [E06, N10, T06, Y13]

Zurück geht es zum Bahnhof **Iidabashi**, dort gibt es folgende Linien: Toei-Oedo, Namboku, Tozai, Yurakucho und Chuo.

23. Neue Wolkenkratzer und ein alter Friedhof   Mi–Mo   6 km

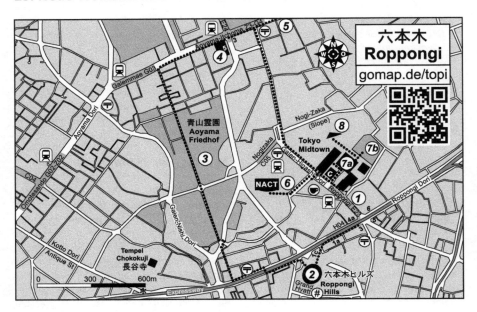

23.1. Bahnhof Roppongi [E23, H04]
Diese Tour beginnt am **Bahnhof Roppongi**, den man entweder über die **Hibiya- (Exit 1C)** oder **Toei-Oedo-Linie (Ausgang 3)** erreicht.

23.2. Roppongi Hills   H04↑1C
Roppongi Hills steht für einen hochmodernen Neubaukomplex in Roppongi. Im 238 m hohen sogenannten **Mori Tower** gibt es eine Aussichtsplattform genannt **Tokyo City View** sowie das **Mori Art Museum**. Zudem sind auf die 54 Stockwerke eine Vielzahl von Restaurants, Geschäften und Büros verteilt. Für zahlreiche wechselnde Veranstaltungen lohnt ein Blick auf die Homepage von Roppongi Hills, die auch in Englisch immer auf dem neuesten Stand gehalten wird. *Eintritt 1800 ¥, Freiluftplattform Skydeck plus 500 ¥ (kein Stativ). Tgl. 10–23, Skydeck 11–20 Uhr. tcv.roppongihills.com/en*

Das **Mori Art Museum** hat keine permanente Ausstellung, deshalb ist das Museum nicht das ganze Jahr durchgehend geöffnet. *Eintritt variiert, Mi–Mo 10–22, Di 10–17 Uhr. www.mori.art.museum/en   03-6406-6652*

Blick vom Tokyo City View

23.3. Aoyama-Friedhof
Der **Aoyama-Friedhof** ist der größte Friedhof im Zentrum Tokios. Viele berühmte japanische Persönlichkeiten und auch deutsche Professoren aus der Meiji-Zeit liegen hier begraben. Wegen der vielen Kirschbäume lohnt sich ein Besuch im Frühjahr.

Straße durch den Aoyama-Friedhof

23.4. Honda Welcome Plaza G04👆5
Für Auto- und Motorradbegeisterte ist der Showroom sehenswert, der sich an der Kreuzung von *Gaien-Higashi* und *Aoyama Dori* befindet. **Tipp:** Neben den Fahrzeugen ist die Hauptattraktion eine Vorführung des humanoiden Roboters **Asimo**. *Vorstellung Roboter Asimo täglich ab 13:30 und 15 Uhr, Sa–So zusätzlich 11 Uhr.* 03-3423-4118
www.honda.co.jp/welcome-plaza

23.5. Japan Traditional Crafts
Eine große Auswahl an traditionellen Handwerksprodukten aus ganz Japan findet man im **Japan Traditional Crafts Aoyama Square**. Neben gewebten und gefärbten Stoffen sowie traditionellen Puppen gibt es viele Produkte aus Holz, Papier, Ton, Porzellan, Lack, Bambus und Metall. *Tgl. 11–19 Uhr.*
www.kougeihin.jp 03-5785-1301

23.6. National Art Center Tokyo
Kunstinteressierte sollten unbedingt beim **National Art Center Tokyo (NACT)** vorbeischauen. Auf drei Stockwerken präsentiert das Museum wechselnde Ausstellungen mit Schwerpunkt auf moderner Kunst und Gemälden des 20. Jahrhunderts, wobei hier die Sammlungen aus den renommiertesten Museen der Welt gezeigt werden. Sollte gerade keine Ausstellung stattfinden, lohnt es sich, das NACT wegen des tollen Glasbaus zu besichtigen, in einem der Cafés zu verweilen oder im Museumsshop nach einem Souvenir zu suchen. Die **Museumsbibliothek** ist der Öffentlichkeit zugänglich und besitzt über 50.000 Ausstellungskataloge.
Mi–Mo 10–18 Uhr, Fr 10–20 Uhr, Bibliothek nur 11–18 Uhr, Eintritt variiert.
www.nact.jp/de 03-6812-9933

23.7. Tokyo Midtown E23👆7
Hinsichtlich der Höhe überragt der Wolkenkratzer im Gebäudekomplex **Tokyo Midtown (7a)** den nahe gelegenen Mori Tower. Er ist mit seinen 54 Stockwerken und einer Höhe von 248 m Tokios höchster Wolkenkratzer. Ganz oben befindet sich das exklusive Hotel »**The Ritz Carlton, Tokyo**«, weiter unten das **Suntory Museum of Art**. Schön ist auch der **Hinokicho Park (7b)** hinter dem Gebäude.
www.tokyo-midtown.com 03-3479-8600
Tipp: Sehenswert ist der **Fujifilm Square (7c)** mit kostenlosen Fotoausstellungen und dem historischen Museum. *Täglich 10–19 Uhr.*
fujifilmsquare.jp/en 03-6271-3350

NACT und Tokyo Midtown

23.8. 21_21 Design Sight
Das von *Tadao Ando* entworfene Museumsgebäude **21_21 Design Sight** am Rande des Midtown-Komplexes lockt mit didaktisch gut aufbereiteten wechselnden Ausstellungen.
Mi–Mo 10–19 Uhr, Eintritt 1100 ¥.
www.2121designsight.jp 03-3481-6402

24. Fischmärkte in Tsukiji und Toyosu Mo Di Do–Sa **3 km**

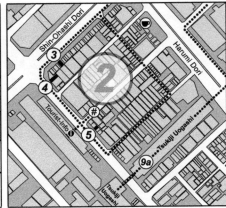

24.1. Bahnhof Tsukiji-Shijo [E18]
Der **Ausgang A1** des **Bahnhofs Tsukiji-Shijo** der Toei-Oedo-Linie führt direkt nach **Tsukiji**. Alternativ fahren Sie mit der Hibiya-Linie bis zum **Bahnhof Tsukiji [H10]**.

24.2. Tsukiji Outer Market
Hier kann der »Otto Normalverbraucher« außer am Mi und So günstig frischen Fisch und andere Lebensmittel einkaufen. Außerdem sind zahlreiche Restaurants vorhanden, die günstige und leckere Gerichte verkaufen. Einfach an einer der Schlangen anstehen. Die Touristeninformation »Plat Tsukiji« unterstützt Besucher. *Mo–Sa 8–14, So 10–14 Uhr.*
www.tsukiji.or.jp 03-6264-1925

24.3. Magurodon Segawa
In diesem kleinen, alteingesessenen Laden gibt es für 900¥ das leckerste Magurodon in ganz Tsukiji: Roher in Sauce eingelegter Thunfisch auf Reis. Es macht schon Freude den beiden Damen bei der Zubereitung des Magurodon und Tees zuzusehen, während man auf rot bezogenen Hockern wartet.
Mo–Di und Do–Sa 7:30–12:30 Uhr, Bargeld.
www.gomap.de/tseg 03-3542-8878

Magurodon Segawa

24.4. Messerhändler Masamoto
Meister **Masamoto** verkauft seine Messer an Profiköche und Touristen. Für die hier verkauften Messer gibt es auch nach dem Kauf noch einen Reparatur- und Schärfungsservice. Auf jeden Fall ist es sehenswert, wie

Krabben im Tsukiji »Outside Market«

die Mitarbeiter im hinteren Bereich am Schleifstein die Messer schärfen.
Mo–Di und Do–Sa 6–15 Uhr, nur Bargeld.
www.gomap.de/tmto   03-3541-8000

24.5. Rührei-Braterei Daisada
Nur die wenigsten Sushi-Köche braten ihre süßen Rühreirollen selbst, sondern kaufen diese zusammen mit dem Fisch hier ein. **Daisada** ist die größte dieser Bratereien und im hinteren Bereich des Geschäftes werden daher immer fleißig die Pfannen geschwenkt. **Tipp:** Für 120 ¥ kann man ein noch warmes Stück probieren.   *www.gomap.de/tdsd*

Rührei-Braterei Daisada

24.6. Teeladen Jugetsudo
Die Geschichte dieses Teeladens für hochwertigen Tee geht bis ins Jahr 1854 zurück. Sie können hier kostenlos angebotenen Tee probieren, Platz nehmen und Kuchen mit Tee bestellen oder im Laden Tee einkaufen.
Mo–So 9–18 Uhr.
www.maruyamanori.com   03-3547-4747

24.7. Geschirrladen Urikiri-ya
Eine riesige Auswahl zu günstigen Preisen bietet der Geschirrladen Urikiri-ya unweit der großen Kreuzung. Insbesondere im Obergeschoß gibt es am meisten zu sehen und eine Ecke mit heruntergesetzten Artikeln. Neben günstiger Gebrauchskeramik finden Sie auch sehr hochwertiges Porzellan.
Mo–Sa 8:30–17:30 Uhr, keine Kreditkarten.
www.urikiriya.co.jp   03-3541-6644

24.8. Tsukiji Hongan-ji
Dieser buddhistische Tempel fällt durch seine indische Architektur ins Auge. Er ist zugleich einer der größten buddhistischen Tempel in Tokio. Im Tempel wird der *Amida Buddha* und außerdem noch *Prinz Shotoku* (574–622) verehrt. Sehenswert im Innern ist der goldene Hauptaltar, der ein Abbild des Amida Buddhas enthält. *Andachten tgl. um 7 und 16:30 Uhr,* **Tipp:** *einmal im Monat auf Englisch, siehe Website.*   *gomap.de/thgn*
www.tsukijihongwanji.jp   03-3541-1131

24.9. Der neue Fischmarkt in Tokio
2018 zog der **Fischmarkt** in Gebäude beim Bahnhof **Shijo-Mae [U-14]** in Odaiba (siehe **Karte Tokio Stadtzentrum**) um. Damit Sie die **Thunfischauktion (c)** erleben können, müssen Sie früh raus, denn sie findet zwischen 5:30 und 6:30 Uhr statt. Eine begrenzte Anzahl an Tickets für die Besucherplattform wird Online verlost. Ohne Reservierung können Besucher die Auktion auch von der Besuchergalerie aus beobachten. Für die Anfahrt nehmen Sie vom **Bahnhof Toyosu** eine der ersten Züge der Yurikamome-Linie. Bis circa 13 Uhr haben die meisten **Restaurants (d)** noch geöffnet. Richten Sie sich auf lange Wartezeiten ein, die Situation in Tsukiji ist hier besser. Auf dem Weg zu den **Läden für Marktbedarf (e)** können Sie durch Fenster in den Bereich der Großhändler sehen, der Zutritt für Besucher ist hier leider nicht mehr gestattet.
Mo–Di und Do–Sa 5–17 Uhr.
www.shijou.metro.tokyo.jp   03-3520-8205
Tipp: Sparen Sie sich den weiten Weg nach Toyosu und besuchen Sie ab 9 Uhr die Großhändler im Gebäude **Tsukiji Uogashi (9a)**. Auf dem oberen Stockwerk (3F) sind außerdem Sitzgelegenheiten und eine Terrasse.
Mo–Di und Do–Sa 09–15 Uhr.
Falls Sie danach noch den neuen Fischmarkt in Toyosu besuchen wollen, nehmen Sie ganz einfach den Bus mit der Aufschrift 市０１ für 210 ¥ von der Bushaltestelle **Tsukiji 6-chome (9b)** bis nach **Toyosu Shijo**.

25. Stadt auf einer künstlichen Insel im Meer Mi–Mo 6 km

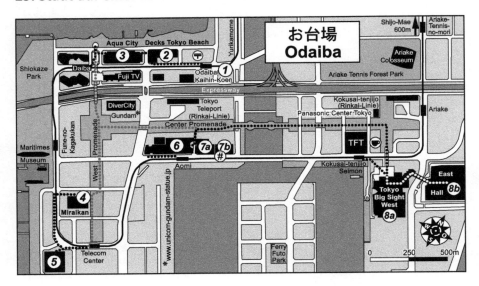

25.1. Bahnhof Odaiba Kaihin-Koen
Die künstlich im Meer aufgeschüttete Insel erreichen Sie am leichtesten über die führerlose **Bahnlinie Yurikamome**, die am Bahnhof von Shimbashi beginnt (siehe Karte Kapitel 3). *Tipp:* Beabsichtigen Sie Hin-, Rückfahrt und eine weitere Fahrt innerhalb Odaibas mit der Yurikamome, so lohnt der Kauf eines *One-day Open Pass* zu 820 ¥. Die erste Fahrt geht über die **Rainbow Bridge** bis zur Haltestelle **Odaiba Kaihin-Koen [U-06]**.

25.2. Decks Tokyo Beach
Am Eingang von Odaiba befindet sich **Decks Tokyo Beach**. Der Stil des Gebäudes und vor allem die holzbeplankten Balkone erinnern an ein Schiffsdeck. In diesem Komplex gibt es jede Menge unterschiedlichster Geschäfte, Cafés und Restaurants. *Tipp:* **Joypolis**, Segas größter Vergnügungspark, befindet sich im 3.–5. Stockwerk.
Shops 11–21 Uhr, Restaurants 11–23 Uhr, Joypolis 10–22 Uhr, Eintritt Joypolis 800 ¥.
www.odaiba-decks.com 03-3599-6500
tokyo-joypolis.com 03-5500-1801

25.3. Aqua City
Aqua City lädt vorwiegend zum Einkaufen und Schlemmen ein. Geworben wird hier mit einer 300 m langen Mall (Japans größte am Meer gelegene Einkaufspassage). Hochwertige Restaurants sowie ein großes Multiplex-Kino bieten für jeden etwas. Im **Sony ExploraScience** (5F) haben Jugendliche Spaß mit 3D-Filmen. www.sonyexplorascience.jp Hinter der Aqua City ist das **Fuji-TV-Gebäude** mit einer Aussichtsplattform; *Eintritt 550 ¥.*
www.aquacity.jp 03-3599-4700
www.fujitv.com/visit_fujitv/ 03-5500-8888

25.4. Miraikan
Das **National Museum of Emerging Science and Innovation (Miraikan)** gibt es seit 2001. Sehenswert ist das 3D-360°-Theater. *Tipp:* Holen Sie sich bei Ankunft ein Ticket für die nächste Vorstellung, um Wartezeiten zu vermeiden. Die Ausstellungen sind eher für das jüngere Publikum, was die Montagehöhe der Ausstellungsstücke und interaktiven Monitore verrät. *Mi–Mo 10–17 Uhr, 620 ¥.*
www.miraikan.jst.go.jp/en 03-3570-9151

25.5. Oedo-Onsen Monogatari

Unweit der Haltestelle **Telecom Center [U-09]** befindet sich das **Oedo-Onsen**, das kein Onsen im herkömmlichen Sinne ist. Man hat dort eine Erlebniswelt im Stile des alten Edo erbaut. In einer großen Halle gibt es Restaurants, Souvenirstände und Attraktionen wie beispielsweise Wahrsager und Wurfbuden. Die inneren Bäder sind nach Geschlechtern getrennt, ein Außenbad kann im Yukata auch gemeinsam betreten werden. Im Obergeschoss kann man sich in Ruhesälen auf Liegen entspannen. Innerhalb des Onsens zahlt man mit einem registrierten Armband und rechnet dann beim Verlassen an der Kasse ab. *Täglich 11–9 Uhr. Eintritt an Wochentagen 2720 ¥, an Wochenenden 2936 ¥, nach 18 Uhr um 540 ¥ günstiger.*
daiba.ooedoonsen.jp 03-5500-1126

25.6. Venus Fort

Venus Fort ist ein Einkaufsparadies der Superlative. In der Shoppingzeile sind Brunnen, Statuen und sogar eine Piazza vorhanden. Auf den ersten Blick erinnert es deshalb mehr an einen riesigen Themenpark, der das Flair einer italienischen Stadt nachahmt. Es gibt dort 100 Modegeschäfte und Juweliere sowie um die 30 Restaurants. *11–21 Uhr, Sa –22 Uhr, Restaurants –23 Uhr.*
www.venusfort.co.jp 03-3599-0700

25.7. Mega Web & Digital Art Museum

Dies ist kein einfaches Autohaus, sondern die technologische Erlebniswelt **Mega Web (7a)** von Toyota. In der Ausstellung werden neue Modelle gezeigt, in der »**History Garage**« auch alte Fahrzeuge aus Amerika und Europa. *Täglich 11–21 Uhr, freier Eintritt.*
www.megaweb.gr.jp 03-3599-0808
Seit dem Sommer 2018 ist das **MORI Building Digital Art Museum (7b)** ein beliebter Publikumsmagnet in Odaiba. *10–19 Uhr, 3200 ¥.*
Tipp: *Eintrittskarten rechtzeitig vorher Online kaufen und gleich am Morgen besuchen.*
borderless.teamlab.art 03-6406-3949

Tipp: Für ein schnelles Mittagessen gibt es im 2F des Gebäudes **TFT** direkt am Bahnhof **Kokusai-tenjijo Seimon** eine große Auswahl.

25.8. Tokyo Big Sight

Tokyo Big Sight ist ein großes Messezentrum (offiziell auf Englisch **Tokyo International Exhibition Center**). Das ganze Jahr über finden hier verschiedenste Messen statt. Die Architektur des 1995 erbauten Hauptgebäudes (es beherbergt das Kongresszentrum) soll in seiner Form den Betrachter an eine Bohrinsel erinnern. Die meisten Messen sprechen ein ganz spezifisches Fachpublikum an, es gibt aber auch verbraucherorientierte Messen wie beispielsweise die ***Super Comic City*** für Comicfreunde, die ***Ham Fair*** für Funkamateure, die ***Design Festa*** für Kunst- und Designinteressierte sowie die ***Tokyo Toy Show*** für Spielzeugbegeisterte.
Tipp: Einige Messen kosten keinen Eintritt, wenn man einen jap. Fragebogen ausfüllt.
Der Eintritt ist je nach Messe unterschiedlich.
www.bigsight.jp/english 03-5530-1111

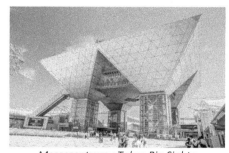

Messezentrum »Tokyo Big Sight«

Zurück geht es entweder mit der **Yurikamome-Linie** ab **Bahnhof Kokusai-tenjijo Seimon [U-11]** oder mit der **Rinkai-Linie** ab **Kokusai-tenjijo [R03]**. Mit der Rinkai-Linie ist man in nur 25 Minuten in Shinjuku. Der Zug hält vorher auch in Osaki, Ebisu und Shibuya. Die Rückfahrt ist schneller als die Kombination aus Yurikamome- und Yamanote-Linie.

26. Sumida-ku – Sumoringer und die Edo-Zeit   Di–Fr   5 km

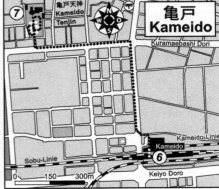

26.1. Bahnhof Ryogoku [JB21, E12]
Die ersten vier Attraktionen dieser Tour liegen in der Nähe des **Ryogoku Bahnhofs** der **Sobu-Linie**, alternativ **Toei-Oedo-Linie** (**Exit A3**). Zur Sobu-Linie können Sie in Akihabara von der Yamanote-Linie wechseln.

26.2. Edo-Tokyo-Museum   E12☂A3
Das **Edo-Tokyo-Museum** ist durch sein markantes Gebäude unübersehbar. Für die äußere Form standen die früher üblichen auf Stelzen erbauten Lagerhäuser Pate. Die maximale Höhe mit 62 m entspricht ungefähr der Höhe der alten Edo-Burg. Das Museum ist über eine lange Rolltreppe zu betreten. Die Dauerausstellung ist in drei Hauptbereiche unterteilt: Die **Edo-Zone** widmet sich dem Lebensstil, dem Wirtschaftsystem und der Kultur der Edo-Zeit. In der **Tokio-Zone** geht es um die Wandlung von Edo nach Tokio durch den amerikanischen sowie europäischen Einfluss in Japan. Die Zeit während und nach dem zweiten Weltkrieg wird ebenso betrachtet. Zu guter Letzt gibt die **Geschichts-Zone** einen schnellen Überblick der Entwicklung von der Steinzeit bis in die Neuzeit. *Di–So 9:30–17:30, Sa 9:30–19:30 Uhr, 600 ¥.*   03-3626-9974
www.edo-tokyo-museum.or.jp/en

26.3. The Sumida Hokusai Museum
In einem futuristisch anmutenden Gebäude eröffnete im November 2016 das Museum direkt an der *Hokusai-dori*. In einer Dauerausstellung können Sie etwas über das Leben und Schaffen des berühmten Künstlers *Katsushika Hokusai* erfahren. Nur selten gezeigte Kunstwerke sind in Sonderausstellungen zu bestaunen. *Di–So 9:30–17:30 Uhr, Dauerausstellung 400 ¥, Kombiticket 1200 ¥. hokusai-museum.jp*   03-6658-8931

The Sumida Hokusai Museum (#)

26.4. Kyu-Yasuda-Garten
Dieser Garten wurde 1691 von einem Feudalherrn angelegt. Der Teich wurde früher vom Sumida-Fluss gespeist, somit war dieser den Gezeiten ausgesetzt. Anfang August

wird im Garten ein Sommerfest mit Musikdarbietungen (Koto und Shakuhachi) veranstaltet. Außerdem kann man an einer Teezeremonie teilnehmen. *9–16:30 Uhr.*
Tipp: Wer sich für Schwerter interessiert, besucht noch das **Japanese Sword Museum** nördlich des Gartens. *Di–So 9:30–18 Uhr, Eintritt 1000 ¥.* *www.touken.or.jp*

Tokyo Grand Sumo Tournament

26.5. Kokugikan und Sumo-Museum

Im **Sumo Stadium Kokugikan** finden drei der jährlich sechs offiziellen Sumo Wettkämpfe Japans statt. Diese werden auch im Fernsehen übertragen *(Tokyo Grand Sumo Tournament).* ***Tipp:*** Wer am Sumo einmal live als Zuschauer teilnehmen möchte, sollte sich vorab ein Ticket reservieren. Auskünfte gibt die Homepage der japanischen Sumo-Vereinigung auch auf Englisch. Alternativ bietet es sich an, das kleine **Sumo-Museum** zu besuchen. Dort bekommen Sie einen Überblick über mehrere Jahrhunderte Geschichte des Sumo. Während der drei jährlichen Wettkämpfe hat das Museum auch am Wochenende geöffnet, ist dann aber leider nur für die zahlenden Zuschauer zugänglich. *Mo–Fr 10–16:30 Uhr, freier Eintritt.*
www.sumo.or.jp   03-3622-0366

26.6. Bahnhof Kameido [JB23]

Mit der Sobu-Linie fahren Sie zwei Stationen bis zum **Kameido-Bahnhof** und verlassen ihn über den **Nordausgang.** Nach 15 Minuten erreichen Sie den **Kameido-Tenjin-Schrein.**

26.7. Kameido-Tenjin-Schrein

Dieser Schrein ist berühmt für seine Glyzinienblüte und eine Rundbogenbrücke. Außerdem hatte der Schrein die führende Rolle innerhalb der *Tenjin-Sekte,* die im religiösen Leben der Edo-Zeit von großer Bedeutung war. Jedes Jahr am 24. und 25. Januar findet dort seit 1820 das **Schreinfest Usokae Shinji** statt. *Uso* ist der japanische Namen für den Dompfaff. *Kae* steht für Wechsel. Die Besucher bringen ihre Holzfigur, die sie im Vorjahr gekauft haben, zurück und kaufen eine neue Vogelfigur. *Uso* heißt nicht nur Dompfaff sondern auch Lüge bzw. Unwahrheit. Man glaubt, durch dieses Ritual das Pech des letzten Jahres in eine Lüge zu verwandeln und es durch Glück im neuen Jahr zu ersetzten. *Jedes Jahr am 24. und 25. Januar ab 8:30 Uhr.* Im weiteren Jahresverlauf gibt es von Mitte Februar bis Mitte März das Pflaumenblütenfest *(Ume Matsuri).*
Tipp: Von Mitte April bis Anfang Mai findet das **Fuji Matsuri** statt. *Fuji* hat nichts mit dem Berg *Fuji* zu tun sondern heißt Glyzinie, für dessen Blüte der Schrein weit bekannt ist. Das Hauptfest **Kameido Tenjin Sai** findet jährlich Ende August statt. Unglücklicherweise nur alle vier Jahre wird das Fest von einer großen Prozession begleitet. Die nächste wird im Jahr 2022 abgehalten.
Dann wäre noch das Chrysanthemenfest zu erwähnen, welches am 4. So im Oktober beginnt und am 4. So im November endet.
www.kameidotenjin.or.jp   03-3681-0010

Brücke am Kameido-Tenjin-Schrein

27. Drei Gärten und die Villa eines Industriellen   Di–So   8 km

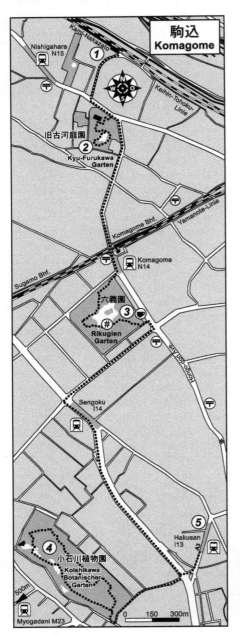

27.1. Bahnhof Kami-Nakazato [JK35]
Der **Kami-Nakazato-Bahnhof** an der Keihin-Tohoku-Linie liegt dem **Kyu-Furukawa-Garten** am nächsten. Alternativ könnten Sie mit der Yamanote-Linie bis **Komagome [N14, JY10]** fahren, wobei dann jedoch der gleiche Weg hin- und zurückzulaufen ist.

27.2. Kyu-Furukawa-Garten
Diese schöne Villa mit großer Gartenanlage gehörte einst der Industriellenfamilie *Furukawa*. Die Firma *Furukawa* gründete 1923 zusammen mit *Siemens* das Jointventure *Fuji Electric*. Der Architekt des Hauses und des Gartens westlichen Stils war der Engländer *Dr. Josiah Conder*, bekannt durch den Entwurf der *St.-Nikolai-Kirche* (siehe Karte Kapitel 18). Besonders schön ist hier die Rosenblüte im Frühjahr und Herbst (Mitte Mai bis Mitte Juni sowie Mitte Oktober bis Ende November). Der japanische Garten wurde von *Jihei Ogawa* entworfen, ein berühmter Gartenarchitekt aus Kyoto, der u.a. auch den Garten des *Heian-Schreins* entworfen hat. Die Form des Gartenteichs ist dem chinesischen Schriftzeichen für »Herz« *(Kokoro)* nachempfunden. Außerdem gibt es einen 10 m hohen Wasserfall.
Tipp: Vom Inneren der Villa bekommen Sie durch den Besuch des Cafés einen Eindruck.
Täglich 9–17 Uhr, Eintritt 150 ¥.
www.gomap.de/tkfg   03-3910-0394

Furukawa Villa im Kyu-Furukawa-Garten

27.3. Rikugien-Garten

Der **Rikugien-Garten** ist einer der zwei schönsten Gärten aus der Edo-Zeit, der andere Garten ist der Koishikawa Korakuen (siehe Kapitel 22.4). Dieser große Garten wurde von *Yoshiyasu Yanagisawa* 1695 in Angriff genommen und er soll 7 Jahre darauf verwendet haben, ihn zu erschaffen. Der Feudalherr *Yoshiyasu Yanagisawa* war ein Vertrauter des fünften Shoguns *Tsunayoshi Tokugawa*. Es handelt sich um einen Landschaftsgarten im *Kaiyu-Stil* mit einem künstlich aufgeschütteten Berg sowie einem Teich. 88 Ansichten im Garten sollten an berühmte Landschaften und Szenen aus der japanischen Dichtung erinnern. Daher der Name *Rikugien*, was übersetzt so viel heißt wie »Garten der 6 Prinzipien der Dichtkunst«. Nach dem Tod von *Yanagisawa* verfiel der Garten zunehmend und wurde erst 1877 von *Iwasaki Yataro*, dem Gründer *Mitsubishis*, wiederhergestellt. Daher kann man von den 88 Ansichten heute nur noch 18 sehen. Darüber hinaus gibt es im Rikugien-Garten einige Teehäuser.

Tipp: Das Teehaus beim Teich »***Fukiyage Chaya***« hat meistens geöffnet und verkauft auch Matcha-Tee mit einer Süßigkeit.
Täglich 9–17 Uhr, Eintritt 300 ¥.
www.gomap.de/trik   03-3941-2222

Schmaler Steg im Rikugien-Garten (#)

27.4. Koishikawa Botanischer Garten

Etwa 2 km entfernt ist der **Koishikawa Botanical Garden**. Dieser große Garten gehört heute zur renommierten Universität Tokio und beherbergt circa 4000 unterschiedliche Pflanzen. Der Garten wurde 1684 vom fünften *Tokugawa-Shogun* als Arzneipflanzengarten gegründet. Bis heute gibt es diesen Heilpflanzengarten aus der Edo-Zeit sowie einen schönen japanischen Landschaftsgarten. Am nördlichen Ende des Gartens befindet sich das ehemalige Hauptgebäude der Tokioter Medizinschule (dargestellt im unteren Bild), es wurde 1876 erbaut. Der Stil erinnert in seiner äußeren Erscheinung an ein westliches Gebäude während die Bauweise und Konstruktion auf japanische Weise durchgeführt wurde.

Tipp: Der Garten ist auch ein Geheimtipp für das Kirschblütenfest, weil er nicht so überlaufen ist und zahlreiche verschiedene Kirschbaumarten dort wachsen. Wegen der Öffnungszeiten kann man nur tagsüber ein Kirschblütenfest veranstalten.
Di–So 9–16:30 Uhr (Einlass bis 16 Uhr), Eintritt 400 ¥.
www.gomap.de/tkbg   03-3814-0138

Im Koishikawa Botanical Garden

27.5. Bahnhof Hakusan [I13]

Der nächstgelegene Bahnhof ist **Hakusan** an der Toei-Mita-Linie. Alternativ laufen Sie zum südwestlich vom Koishikawa-Garten gelegenen Bahnhof **Myogadani [M23]** an der Marunouchi-Linie (nicht auf Karte) und gelangen von dort nach zwei Stationen zur Endstation **Ikebukuro [M25, JY13, F09, Y09]**.

28. Nihombashi – Japan´s Mittelpunkt Di–Sa **2 km**

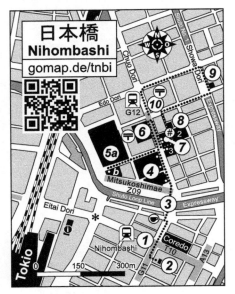

28.1. Bahnhof Nihombashi
Am **Bahnhof Nihombashi** kreuzen sich die Linien Ginza **[G11]**, Tozai **[T10]** und Toei Asakusa **[A13]**. Der **Ausgang B6** führt Sie schnell zum Papierwarenhändler **Haibara**.

28.2. Haibara G11🚇B6
Seit 1806 gibt es den Papierwarenhändler, der sein neues Domizil auf dem Vorplatz des **Tokyo Nihombashi Tower** hat. Bunt bedrucktes Chiyogami, Washi, Grußkarten, prunkvolle Geldkuverts und Dekoartikel gibt es hier.
www.haibara.co.jp 03-3272-3801

28.3. Nihombashi-Brücke
Nihombashi heißt übersetzt »Japanbrücke«. Früher eine Holzbrücke (Repliken sind im Edo-Tokyo-Museum und im Flughafen Haneda) stammt die heutige steinerne Brücke von 1911. Sehenswert sind die kunstvollen Lampen mit den Drachenfiguren, die in der Mitte der Brücke in die Lücke der darüber erbauten Schnellstraße ragen. Die Brücke war zur Edo-Zeit wichtigster Verkehrsknoten

und Anfangspunkt von Handelswegen wie die **Tokaidostraße** (siehe Kap. 1.3b). Von hier aus maß man alle Entfernungen in Japan, daher gibt es eine Markierung aus Bronze.

28.4. Mitsukoshi G12🚇A5
Das **Mitsukoshi** ist das wohl exklusivste japanische Kaufhaus mit über 400-jähriger Geschichte; manche sprechen sogar vom Harrods Japans. Erst 2010 erfuhr es eine umfangreiche Erweiterung und Renovierung, um verstärkt jüngere Kunden anzulocken. Besonders zu empfehlen ist die Feinkostabteilung im Untergeschoss. Imposant ist auch eine kunstvoll aus einer 500 Jahre alten Zypresse geschnitzte riesige Statue im Atrium. *Tipp:* Im obersten Stockwerk gibt es Kunstausstellungen. Ein Besuch des Dachgartens lohnt wegen des Grüns und der Ruhe. *Täglich 10–19 Uhr.*
www.mitsukoshi.co.jp 03-3241-3311

Vorm Kaufhaus Mitsukoshi

28.5. Bank of Japan
Das altehrwürdige Gebäude der 1896 erbauten **Bank of Japan (5a)** war das erste westlicher Art, das von einem japanischen Architekten entworfen wurde. Dieser Architekt (*Kingo Tatsuno*) entwarf später auch den Tokio Hauptbahnhof. *Tipp:* Gegenüber der Bank befindet sich das kostenlose **Currency Museum (5b)**. *Di–So 9:30–16:30 Uhr.*
www.imes.boj.or.jp/cm 03-3277-3037

28.6. Mandarin Oriental Hotel G12☂

Das exklusive **Mandarin Oriental Hotel** liegt in den oberen Stockwerken des **Nihombashi Mitsui Towers**. Es gibt wohl kein anderes Luxushotel in Tokio, das aus dem Spa-Bereich einen spektakuläreren Ausblick über die Stadt bietet. Bemerkenswert ist auch die Mandarin Bar. Selbst die Sicht von der Besuchertoilette in der Lobby im 38F aus auf den Skytree ist etwas Besonderes. 03-3270-8800
www.mandarinoriental.com/tokyo

28.8. Fukutoku-Schrein

Der komplett neu aufgebaute Schrein existiert bereits seit mehr als 1000 Jahren in Nihonbashi und ist unter anderem dem Schutzgott für das Getreide gewidmet. Zu Beginn der Edo-Zeit besuchte der Shogun *Tokugawa Hidetada* den Schrein und entdeckte dabei einen jungen Trieb am Eichenstamm des Torii, daher wird der Schrein auch **Mebuki-Inari** genannt (Spross-Schrein).
www.mebuki.jp 03-3276-3550

Tokyo Skytree vom Mandarin Oriental

Fukutoku-Schrein vom Mandarin Oriental

28.7. Coredo Muromachi G12☂A6

Coredo Muromachi 1 wurde 2010 eröffnet, 2014 kamen **Muromachi 2** und **Muromachi 3** hinzu. Neben den Restaurants (B1F–4F) sind insbesondere die Läden im Erdgeschoss des Hauptgebäudes sehr zu empfehlen. Der Eisenwaren- und Messerhändler **Kiya** hat sein Geschäft seit 1792 in dieser Straße und der Katsuobushi-Händler **Ninben** schon seit 1699. Katsuobushi sind getrocknete Thunfischflocken und auf Basis dieser kann man an der **Dashi-Bar** verschiedene Suppen und Gerichte als Take-Out kaufen und probieren. Im Gebäude **Muromachi3** gibt es im Erdgeschoss bei **Tsuruya Yoshinobu** traditionelle japanische Süßigkeiten zu kaufen. Einige nette Läden befinden sich im 2F. Die hochwertigen Lackwaren bei **Yamada Heiando** sollten Sie sich anschauen. *Täglich 10–20 Uhr.*
www.turuya.co.jp 03-3243-0551
www.kiya-hamono.co.jp 03-3241-0110
www.ninben.co.jp 03-3241-0968
www.heiando.com 03-6262-3121

28.9. Ozu-Washi

Bei **Ozu-Washi** (seit 1653) gibt es eine riesige Auswahl handgemachtes Washi-Papier und weiterer Papiersorten sowie Utensilien für Papierkunst und Kalligraphie. Neben dem Verkaufsraum im Erdgeschoss gibt es in den Obergeschossen ein Museum zur Firmengeschichte und einen Ausstellungsraum für Kunst. Außerdem kann man in einer Ecke beim Eingang im Erdgeschoss sein eigenes Japan-Papier unter Anleitung selbst herstellen. *Tipp:* Der 1-stündige Kurs kostet lediglich 500¥, eine vorherige Reservierung ist aber notwendig. *Mo–Sa 10–18 Uhr.*
www.ozuwashi.net 03-3662-1184

28.10. Bahnhof Mitsukoshimae

Zurück geht es zur U-Bahn-Station Mitsukoshimae, die nach dem berühmten Kaufhaus Mitsukoshi benannt wurde. Es stehen die Linien Ginza **[G12]** und Hanzomon **[Z09]** zur Auswahl. Oder Sie laufen zur **Eitai Dori** und führen die Tour von Kapitel 5 aus fort.

29. Lockere Atmosphäre in Kichijo-ji Mi–Mo 7 km

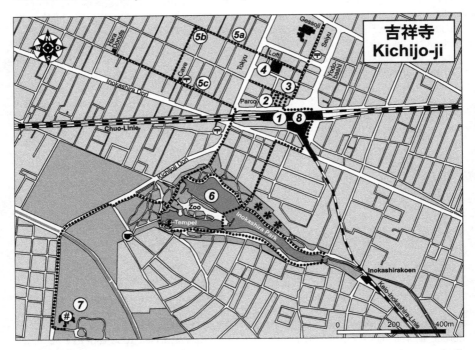

29.1. Bahnhof Kichijo-ji [JC11]
Der **Bahnhof Kichijo-ji** wird in 18 Minuten mit der lokalen Chuo-Linie vom Gleis 16 des Bahnhofs Shinjuku erreicht. Am besten verlassen Sie ihn über das Central Gate am **Nordausgang**.

29.2. Harmonica Yokocho
Kichijo-ji ist ein bei Jung und Alt beliebter Stadtteil von Tokio. Vor allem am Wochenende kommen die Japaner zum Essen und Shoppen, wo sich nördlich des Bahnhofs die schmalen Gassen mit breiten überdachen Einkaufsstraßen kreuzen. Laufen Sie nach dem Busbahnhof ein wenig weiter in westliche Richtung und nehmen eine der ersten Abzweigungen, dann sind Sie auch schon mitten in den engen Gassen des **Harmonica Yokocho** mit gemütlichen Cafés, Restaurants und Geschäften. *www.hamoyoko.jp*

Harmonica Yokocho

29.3. Sunroad & Dia Arcade
In den beiden überdachten breiten Einkaufsstraßen befinden sich zahlreiche Restaurants und Geschäfte, vor allem für Bekleidung und Drogerieartikel. Außerdem gibt es die Kaufhäuser **Loft**, **Seiyu**, **Tokyu** und **Yodobashi**. *www.loft.co.jp*   0422-23-6210

29.4. Kichijo-ji Art Museum

Ein Besuch in das Museum mit seinen wechselnden Ausstellungen lohnt für Kunstinteressierte (7F). *Täglich 10–19:30 Uhr außer letzter Mi im Monat, 100 ¥.* 0422-22-0385 *www.musashino-culture.or.jp/a_museum*

29.5. Taisho & Nakamichi Dori

Überquert man die breite **Kichijo-ji Dori**, dann begibt man sich in ein etwas ruhigeres Wohngebiet; dies macht die so beliebte Atmosphäre von Kichijo-ji aus. Laufen Sie entlang der **Taisho Dori (5a)** bis zum **Wollladen (5b)** und biegen in die schmale Gasse ab bis zur **Nakamichi Dori (5c)**. Speziell entlang der **Nakamichi Dori** gibt es viele einzigartige Geschäfte wie z.B. **Cave**, wo alle Waren mit Froschmotiven sind. *gomap.de/tcav* **Tipp:** Backwaren bei **Hara Donuts** sind auf Tofu-Basis. *www.haradonuts.jp* 0422-22-0821

Inokashira-Park zur Kirschblüte

29.6. Inokashira-Park

Südlich des Bahnhofs erstreckt sich der schöne **Inokashira-Park** mit See, der bei gutem Wetter Paare mit Kindern und Besitzer hübsch gekleideter Hunde anlockt. Nahe des kleinen am Seeufer gelegenen Schreines führen einige Schausteller ihre Kunststücke vor, während im unteren Bereich ein paar Musikdarbieter, vor allem aber auch einige Verkaufsstände zu finden sind. Auf dem See selber tummeln sich viele Tretboote deren Kapitäne es versuchen, Kollisionen zu vermeiden. **Tipp:** Sollte Ihnen die eine oder andere Ecke im Park bekannt vorkommen, dann sahen Sie sicher den Film *Kirschblüten* von *Doris Dörrie*. Die Szenen mit der Butoh-Tänzerin *Yu (Aya Irizuki)* drehte sie hier.

Im Dachgarten des Ghibli-Museums (#)

29.7. Ghibli-Museum

Vom Inokashira-Park läuft man durch ein kurzes Waldstück zur Kichijo-ji Dori, um nach 10 Minuten zum **Ghibli-Museum** zu kommen – ein absolutes Muss für Fans der Zeichentrickfilme von *Miyazaki Hayao*. **Tipp:** Kaufen Sie wegen des großen Andrangs die Eintrittskarten schon bei **JTB** in Deutschland (*www.gomap.de/tghi*), in Japan bekommen Sie Tickets nur über **LAWSON**. Sehenswert sind einige Originalmodelle und -entwürfe, das Saturn-Kino und Miyazakis altes Designstudio. Auf dem Dach ist ein riesiger Roboter aus dem Film »Ein Schloss im Himmel« zu bewundern, vor dem gerne Schulklassen zum Gruppenfoto posieren. Totoro-Fans und alle Kinder sind vom riesigen Katzenbus aus Plüsch begeistert. *Mi–Mo 10–18 Uhr, Eintritt Erwachsene 1000 ¥, Kinder 4–6 Jahre 100 ¥, 7–12 Jahre 400 ¥, 13–18 Jahre 700 ¥. www.ghibli-museum.jp* 0570-055-777

29.8. Bahnhof Kichijo-ji

Achtung bei der Rückfahrt. Falls man Richtung Shinjuku in die falsche Bahn einsteigt, sollte man diese spätestens in **Nakano** wieder verlassen und auf den nächsten Zug am gleichen Bahnsteig warten. Nur die gelb markierten Züge fahren nach Shinjuku.

30. China Town und ein Friedhof für Ausländer   Di–So   5 km

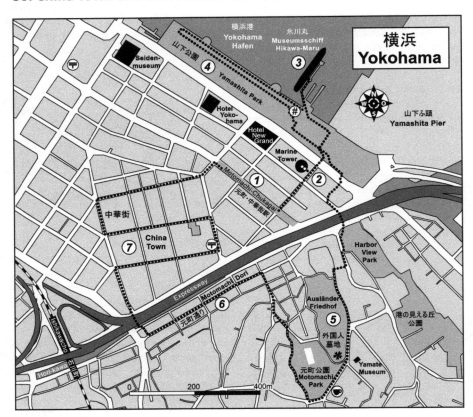

30.1. Bahnhof Motomachi-Chukagai
Seit der unterirdischen Verlegung des Bahnhofs Shibuya (Tokyo-Toyoko-Linie) und der Verbindung dieser Linie mit der Fukutoshin- und Minatomirai-Linie gelangt man bequem von Tokio nach Yokohama. Ab Ikebukuro, Shinjuku, Shibuya oder jeder anderen Station dazwischen sind es circa 30 Minuten bis **Motomachi-Chukagai [MM06]** in Yokohama. Vom **Ausgang 4 (Yamashita Park)** sind es nur 100 m in Richtung Hafen bis zum **Yokohama Marine Tower**.
Tipp: Falls Sie zuerst die Tour 31 machen, fahren Sie mit der Minatomirai-Linie zum **Bahnhof Bashamichi** oder **Minatomirai**.

30.2. Yokohama Marine Tower
Mit 106 m Höhe ist es einer der höchsten Leuchttürme auf dem Festland. Von der zweistöckigen Aussichtsplattform hat man einen schönen Blick über den Hafen und die nähere Umgebung von Yokohama.
Täglich 10–22:30 Uhr, Eintritt 750 ¥.
www.marinetower.jp   045-664-1100

30.3. Hikawa-maru
Direkt vor dem Yamashita-Park befindet sich das Passagierschiff **Hikawa-maru**, früher auch bekannt als **The Queen of the Pacific**. Das Schiff war 1930–60 in Betrieb, wobei Charlie Chaplin einer der bekannten Passagiere war.

Nach einer umfassenden Sanierung ist das Schiff seit 2008 wieder zu besichtigen.
Di–So 10–17 Uhr, Eintritt 300 ¥.
www.nyk.com/rekishi/e   045-641-4362

Hikawa-maru

30.4. Yamashita-Park

Der direkt am Ufer gelegene **Yamashita-Park** bietet eine herrliche Sicht auf die **Bay Bridge**, das neue Passagier-Terminal, das Treiben im Hafen und den **Yokohama Marine Tower**. Der Park wurde zum Gedenken an die Opfer des großen Kanto-Erdbebens 1923 angelegt. Im Park sind außerdem zahlreiche künstlerische Statuen ausgestellt.
Tgl. 24 Stunden, Eintritt frei.   045-671-3648
www.yamashitapark.net

Yokohama Marine Tower

30.5. Ausländerfriedhof Yokohama

Der **Ausländerfriedhof Yokohama** besteht seit Öffnung Japans im 19. Jahrhundert. Heute sind hier 4500 Menschen aus über 40 Ländern begraben. Einen Geschichtsrückblick gibt es im Ausstellungsraum der kleinen Kapelle. Eine schöne Aussicht auf Yokohama und den Friedhof hat man von der Straße aus. *Der Friedhof kann nur von März bis Dezember an Feiertagen und Wochenenden 12–16 Uhr betreten werden.*
Tipp: *Eine Karte zu den Gräbern gibt es gegen eine Spende ab 200 ¥.*   045-622-1311
www.yfgc-japan.com

30.6. Motomachi-Einkaufsstraße

Die **Motomachi-Einkaufsstraße** gibt es seit Öffnung des Hafens Yokohama im Jahre 1858. Heute sind dort vorwiegend Kleiderläden sowie Haushaltswarengeschäfte. Ausverkäufe werden jeweils im Februar und September abgehalten.   045-641-1557
www.motomachi.or.jp

30.7. China Town

In der 1863 gegründeten **China Town** von Yokohama, eine der größten China Towns weltweit, gibt es über 500 Restaurants und Läden. **Tipp:** Hier kann man lecker speisen sowie günstig einkaufen. Besonders schön sind auch die Eingangstore zu China Town – auf unserer Route können wir davon 3 Tore sehen. Heute leben circa 2000 Chinesen hier und geben diesem Stadtteil von Yokohama sein besonderes Flair. Weiterführende Informationen zu Läden, Restaurants und Veranstaltungen findet man auf den Webseiten der Yokohama Chinatown Development Association.   *www.chinatown.or.jp*

Zenrinmon in China Town

31. Minato Mirai 21 – Der Hafen von Yokohama   Mi Fr–So   **5 km**

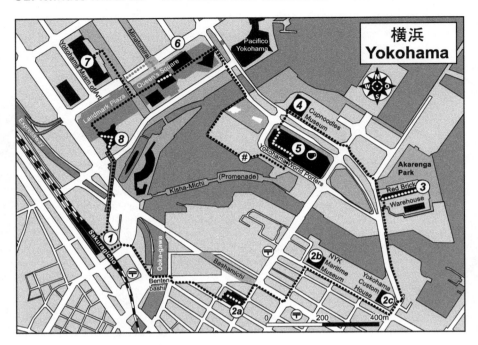

31.1. Bahnhof Sakuragicho [JK11]
Der heutige **Bahnhof Sakuragicho** wurde zur Meiji-Zeit Bahnhof Yokohama genannt; die Strecke ging nach Tokio bis zum Bahnhof Shimbashi (siehe auch Kapitel 3.2). Leider ist nichts mehr vom alten Bahnhof erhalten und an der gleichen Stelle steht ein neues Bahnhofsgebäude. Der Bahnhof Sakuragicho ist ein guter Ausgangspunkt, um sich einen Eindruck vom Hafen Yokohama zu verschaffen. Auf dem großzügig gestalteten Bahnhofsvorplatz laufen wir zunächst rechts und überqueren dann die Brücke **Bentenbashi**.

31.2. Drei Museen
Das **Kanagawa Prefectural Museum of Cultural History (2a)** im Gebäude der *Yokohama Shokin Bank* gibt einen Überblick über die Geschichte dieser Gegend. Diese beginnt um 30.000 vor Christus mit den Ureinwohnern der Sagami-Bucht und geht weiter über die Kamakura- und Edo-Zeit zur Hafeneröffnung. *Di–So 9:30–17 Uhr, 300 ¥.*   045-201-0926
ch.kanagawa-museum.jp
Im **NYK Maritime Museum (2b)** erfährt man einiges über die Geschichte der Reederei NYK. *Di–So 10–17 Uhr, Eintritt 400 ¥. Ticket mit Hikawa-maru (Kap. 30.3.) 500 ¥.*
www.nyk.com/rekishi/e   045-211-1923
Das **Yokohama Customs Museum (2c)** empfängt Sie mit dem Maskottchen *Custom-kun* und zeigt Schmuggelware und Fälschungen. *Tgl. 10–16 Uhr, freier Eintritt.* 045-663-3300
www.customs.go.jp/yokohama/

31.3. Red Brick Warehouse
Diese knapp 100 Jahre alten, reizvollen Backsteingebäude wurden innen umfassend modernisiert. Im kleineren, rechten Gebäude (Nr. 1) finden Ausstellungen, Messen und diverse andere Veranstaltungen statt.

Im größeren linken Gebäude (Nr. 2) sind über 30 Geschäfte, Cafés, Restaurants und ein Biergarten untergebracht. *Tipp:* Probieren Sie im Selbstbedienrestaurant **Tachibanatei** mit Reis gefülltes Omelette.
www.yokohama-tachibana.net
Geschäfte 11–20, Restaurants 11–23 Uhr.
www.yokohama-akarenga.jp 045-227-2002

31.4. Cupnoodles Museum
Wer sich für die von *Momofuku Ando* erfundenen Instant-Nudelsuppen interessiert, kann in diesem Museum seine eigenen Cupnoodles kreieren und dann als Souvenir mit nach Hause nehmen. Ansonsten zeigt die Ausstellung einiges zur Geschichte und Hintergründe zur Erfindung der Cupnoodles.
Geöffnet Mi–Mo 10–18 Uhr, Eintritt 500 ¥.
www.cupnoodles-museum.jp 045-345-0918

31.5. Yokohama World Porters
Eines der größten Einkaufszentren mit 200 Geschäften entstand auf der künstlich im Meer aufgehäuften Insel. Hier bekommt man alles von Einrichtungsgegenständen bis zu einer riesigen Auswahl an Lebensmitteln aus aller Herren Länder. Kein Einkaufszentrum ohne die obligatorischen Cafés und Restaurants. *Tipp:* Im 5. Stock gibt es noch ein großes Kino mit 8 Sälen (AEON CINEMA).
Geschäfte 10:30–21, Restaurants 11–23,
Kino 9–24 Uhr. 045-222-2000
www.yim.co.jp

Cupnoodles Museum

31.6. Queen's Square Yokohama
Vom zweithöchsten Wolkenkratzer Japans – dem Landmarktower – bis zum Messezentrum Pacifico kann man die Reihe der Gebäude in Minato Mirai in einem Zug durchschreiten ohne auch nur ein einziges Mal den freien Himmel zu sehen. In der Mitte liegt der **Queen's Square** mit reichhaltiger Auswahl an Geschäften sowie Restaurants.*Täglich 11–20, Restaurants 11–22 Uhr.*
www.qsy-tqc.jp 045-682-1000

Minato Mirai 21 mit Landmark Tower (#)

31.7. Yokohama Museum of Art
Kunstinteressierten sei ein Besuch im **Yokohama Museum of Art** empfohlen. Das Museum zeigt vorwiegend moderne Kunst des 20. Jahrhunderts. Sehenswert ist außerdem die umfangreiche Fotoausstellung. Das Museumsgebäude wurde von *Kenzo Tange* entworfen. *Fr–Mi 10–18 Uhr, Eintritt 500 ¥.*
yokohama.art.museum 045-221-0300

31.8. Landmark Tower Yokohama
70 Stockwerke hat Japans zweithöchster Wolkenkratzer und ist 296 m hoch. 1993 fertiggestellt, löste er das Rathaus als bis dahin höchstes Gebäude ab. Untergebracht sind Büros, ein Hotel sowie ein sich über fünf Stockwerke erstreckender Einkaufskomplex. *Tipp:* Vom **Sky Garden** im 69. Stock hat man eine tolle Aussicht auf den Hafen.
Täglich 10–21 Uhr, Sa und Juli/Aug. –22 Uhr,
Eintritt Sky Garden 1000 ¥. 045-222-5015
www.yokohama-landmark.jp

32. Die historische Hauptstadt Kamakura Mo–So **10 km**

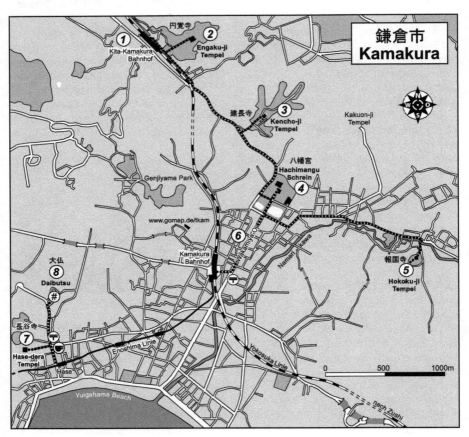

Lage Kamakura

Kamakura liegt an der *Sagamibucht*, am Fuße der Halbinsel *Miura*, und hat ein recht mildes Klima. Kamakura war während des Kamakura-Shogunats (1185–1333) Japans Hauptstadt. Von hier aus regierte der *Minamoto-Klan* über ganz Japan.

Wer sich etwas mehr für die Geschichte Japans interessiert, dem sei das *Kanagawa Prefectural Museum of Cultural History* in Yokohama empfohlen (siehe Kapitel 30.2a).

32.1. Bahnhof Kita-Kamakura [JO08]

Mit der Yokosuka-Linie fahren Sie von Tokio über Ofuna bis nach **Kita-Kamakura**. Alternativ können Sie mit einer anderen Linie (z. B. Tokaido-Linie) bis nach Ofuna fahren und dort umsteigen. Die Anfahrt nach Kamakura dauert circa 1 Stunde und die Kosten sind für Inhaber eines **Japan Rail Pass** abgedeckt.

Der **Engaku-ji-Tempel** befindet sich direkt neben dem **Kita-Kamakura-Bahnhof**.

32.2. Engaku-ji-Tempel

Der Tempel **Engaku-ji** wurde 1282 vom Regenten *Hojo* erbaut, einem Sohn des 7. Shoguns von Kamakura. Später wurden viele Gebäude beim großen Erdbeben 1923 zerstört. Die beiden Pavillons **Shariden** und **Kaizendo** sind die beiden einzigen noch original erhaltenen Gebäude und damit die ältesten Zen-Gebäude in Japan. Die Reliquienhalle Shariden soll einen aus China stammenden Zahn Buddhas enthalten. Jeden Samstag ab 13 Uhr außer im August Einführungsveranstaltung für Zazen auch ohne Japanischkenntnisse. *Täglich 8–16 Uhr, Eintritt 300 ¥.*
www.engakuji.or.jp 0467-22-0478

32.3. Kencho-ji-Tempel

Einen knappen Kilometer läuft man zum **Kencho-ji-Tempel**, dem bedeutendsten der fünf großen Zen-Tempel in Kamakura. Der Tempel wurde 1253 vom Shogun *Hojo Tokuyori* für den aus China geflohenen Priester *Tao Lung* gegründet. Auf dem Gelände gibt es neben beeindruckenden Gebäuden vier über 700 Jahre alte Wacholderbüsche, die von ihm mitgebracht und gepflanzt wurden. Hinter der Haupthalle **Hojo** befindet sich ein großer vom Zen-Meister *Muso Kokushi* entworfener Garten. Darin befindet sich ein See in der Form des chinesischen Schriftzeichens für »Seele«. *8:30–16:30 Uhr, 300 ¥.*
www.kenchoji.com 0467-22-0981

32.4. Hachimangu-Schrein

Der **Hachimangu** ist der wichtigste Schrein in Kamakura, was schon seine exponierte Lage am Ende einer vom Meer kommenden Allee zeigt. Der Schrein ist dem Kaiser *Ojin* (270–310) gewidmet, der auch als Kriegsgott verehrt wurde, obwohl er zu Lebzeiten recht friedfertig war. Jedes Jahr findet am 16. September das Reiterspiel *Yabusame* statt. Dabei wird im vollen Galopp mit Pfeil und Bogen auf Zielscheiben geschossen. *Tgl. 6–20:30 Uhr, Eintritt frei, Museum 200 ¥.*
www.hachimangu.or.jp 0467-22-0315

Hachimangu-Schrein

32.5. Hokoku-ji-Tempel

Wenn Sie genügend Zeit haben, dann empfehle ich wegen des hübschen Bambushains einen Besuch des **Hokoku-ji-Tempels**. Der Tempel gehört wie der Kencho-ji-Tempel zur Zen-Sekte *Rinzai*. **Tipp:** Im Bambusgarten gibt es im Teehaus Matcha-Tee mit Süßigkeit für 500 ¥. *Tgl. 9–16 Uhr, Eintritt 200 ¥.*
www.houkokuji.or.jp 0467-22-0762

Yabusame am Hachimangu-Schrein

32.6. Wakamiya-Oji

Der Rückweg führt uns wieder zum Eingang des Hachimangu-Schreins, der gleichzeitig das Ende der Straße **Wakamiya-Oji** ist. Diese Straße ist gesäumt von vielen Souvenirgeschäften und Restaurants. Besonders hervorzuheben sind die *Kamakura-bori*, d.h. Schnitzereien im Kamakurastil. In der Mitte der breit angelegten Straße verläuft ein von Kirschblüten gesäumter Fußweg. Vom Ende dieses mittleren Weges sind es circa 100 m bis zum **Bahnhof Kamakura [JO07, EN15]**. Von hier fahren Sie mit der **Enoden** (Enoshima-Dentetsu-Linie) bis **Hase [EN12]**.

Großer Buddha (jap. Daibutsu) (#)

32.7. Hase-dera

Der **Hase-dera** (dera heißt Tempel) ist berühmt für die sogenannte *Hase Kannon*, die mit über 9 Metern eine der größten und schönsten Kannon-Statuen in ganz Japan ist. Diese elfköpfige Holzstatue stammt aus dem Jahre 721, die Vergoldung wurde aber erst im Jahre 1342 aufgebracht.

Der Tempel mit dieser hölzernen Gottheit der Barmherzigkeit liegt an einem Hügel. Sie haben von dort einen sehr schönen Blick über Kamakura sowie den nahegelegenen Meeresstrand. Der Treppenaufgang zum Tempel ist außerdem von vielen Jizo-Figuren gesäumt (siehe Kapitel 2.3). *Tgl. 8–16:30 Uhr, Eintritt 300 ¥.*
www.hasedera.jp/en   0467-22-6300

32.8. Großer Buddha (jap. Daibutsu)

Etwa 600 m weiter nördlich befindet sich im **Koutoku-in-Tempel** die wohl bekannteste Attraktion in Kamakura: **Der Große Buddha**. Die Bronzestatue ist über 750 Jahre alt und 121 Tonnen schwer. Einst war der Buddha mit Blattgold belegt und stand in einer Tempelhalle, die jedoch im Jahre 1498 von einer riesigen Flutwelle weggerissen wurde. *Koutoku-in-Tempel täglich 8–17 Uhr (April–September 8–17:30 Uhr), Eintritt 200 ¥.*
Tipp: Das Innere der 13,35 m hohen Statue kann man für 20 ¥ betreten *(8–16:30 Uhr).*
www.kotoku-in.jp   0467-22-0703

33. Enoshima – Eine Insel für Verliebte   Mo–So   5 km

33.1. Enoshima

Tipp: Es bietet sich an, falls man nach dem Besuch von Kamakura noch Zeit hat, gleich in **Enoshima** vorbeizuschauen. Von dort kann man mit etwas Glück einen schönen Sonnenuntergang mit Fuji-san genießen.

Torii auf der Insel Enoshima (2a)

Vom Bahnhof Hase an der Enoden-Linie (Karte Kapitel 32) fahren Sie 20 Minuten in Richtung Fujisawa sechs Stationen bis zum **Bahnhof Enoshima (1a)**. Wer direkt von Tokio aus anreist, fährt mit der Tokaido-Linie bis Fujisawa und steigt dort in die Enoden-Linie um (5 Stationen von Fujisawa bis Enoshima). Alternativ können Sie mit der Yokosuka-Linie bis Kamakura fahren und dort mit der Enoden-Linie bis Enoshima; als dritte Möglichkeit von Shinjuku aus mit der Odakyu-Linie bis **Katase-Enoshima (1b)**. Hierbei muss man jedoch darauf achten, den richtigen Zug (z. B. den Express nach Katase-Enoshima) zu erwischen und in den richtigen Zugteil einzusteigen, da dieser auf der Fahrt unter Umständen getrennt wird.

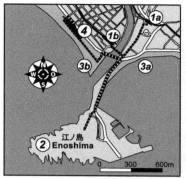
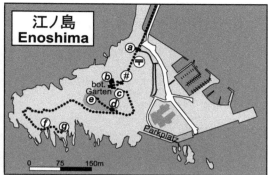

33.2. Die Insel Enoshima

Die Insel Enoshima ist über eine 600 m lange Brücke mit dem Festland verbunden. Auf der Insel halten wir uns rechts und durchschreiten zunächst ein **Torii (a)**. Ein von Läden, Restaurants sowie kleinen Hotels flankierter Weg führt den Berg hinauf. Alternativ nimmt man die Rolltreppen *(360 ¥)*. Oben angelangt stoßen Sie direkt auf den **Enoshima-Schrein (b)**. Gewidmet ist dieser Schrein der weiblichen Gottheit *Hadaka-Benten*; sie ist die Gottheit der Liebe, des Glücks und der Schönheit. Deshalb lockt dieser Schrein vor allem Liebespaare nach Enoshima. An einem großen Baum **Musubino-ki (c)** können Verliebte eine Wunschtafel anbringen. *Täglich 8:30–16:30 Uhr, 150 ¥.*
www.enoshimajinja.or.jp 0466-22-4020

Auf der Insel gibt es noch einen **botanischen Garten (Eingang d)** mit tropischen Pflanzen und einem **Aussichtsturm (e)**, von dem man einen schönen Rundblick genießen kann. **Tipp:** Bei klarem Wetter sieht man unter anderem den Berg *Fuji* sowie die Vulkaninsel *Oshima*. *www.enoshima-seacandle.com Tgl. 9–20 Uhr, Garten 200 ¥, mit Turm 500 ¥.* Wer weiter bis zur westlichen Spitze der Insel läuft, gelangt über 220 Treppenstufen hinunter zu **zwei Grotten (f und g)**.
Tgl. 9–17 Uhr (Nov.-Feb. 9–16 Uhr), 500 ¥.

33.3. Katase-Strand

Wenn Sie die Insel Enoshima über den Damm wieder verlassen, so liegt zur rechten Hand der **östliche Katase Strand (3a)** und zur linken Hand der **westliche Katase Strand (3b)**. Hier tummelt sich im Sommer die Jugend Japans im Meer, Surfer und Windsurfer sind das ganze Jahr hindurch anzutreffen. Sie erreichen den westlichen Katase-Strand, indem Sie die Brücke über den Katasefluss überqueren. Am 1. Dienstag im August wird hier ein schönes Feuerwerk veranstaltet, das man vom Strand aus betrachten kann. Bei solchen Veranstaltungen ausreichend Zeit für die Anreise einplanen!

33.4. Enoshima-Aquarium

Wenn Sie den Katasefluss überquert haben, liegt das **Enoshima-Aquarium** etwa nach 200 m zur linken Seite direkt an der Hauptverkehrsstraße. Das Enoshima-Aquarium besteht seit 1954, 2004 wurde es umfassend renoviert und erneuert. Einzigartig ist die umfangreiche Sammlung der verschiedensten Quallen. Außerdem gibt es eine Ausstellung von Studienobjekten der japanischen Kaiser *Hirohito* und *Akihito*, die Meeresbiologie studierten. *Öffnungszeiten 9–17 Uhr, Dezember-Februar 10-17, im Sommer 9–20 Uhr, Eintritt 2100 ¥.*
www.gomap.de/teno 0466-29-9960

34. Museumsdörfer und Gärten in Tokios Westen   Di–So   5 km

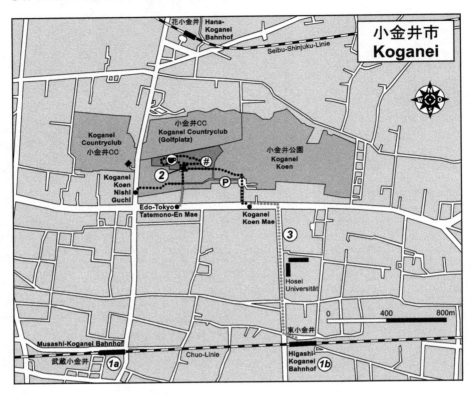

34.1. Anreise Edo-Tokyo Tatemono-en

Das Architektur-Freilichtmuseum **Edo-Tokyo Tatemono-en** (Edo-Tokyo Open Air Architectural Museum) liegt in **Koganei City** westlich von Tokio. Sie erreichen die Stadt Koganei vom Tokio-Bahnhof mit der Chuo-Linie in einer Dreiviertelstunde bis zum **Musashi-Koganei-Bahnhof [JC15]** (1a). Dort verlassen Sie den Bahnhof über den Nordausgang und nehmen entweder den Seibu-Bus an der Haltebucht 2 oder 3 bis **Koganei-Koen Nishi-Guchi** oder den Kanto-Bus in Haltebucht 4 beim Nordausgang (Richtung Mitaka-Station) bis **Edo-Tokyo Tatemono-en Mae**. Alternativ bietet sich die Seibu-Shinjuku-Linie von Shinjuku an, mit der man eine halbe Stunde bis **Hana-Koganai-Bahnhof [SS18]** benötigt.

Dort geht es weiter mit dem Seibu-Bus vom Bahnhofsvorplatz in Richtung **Musashi-Koganei Station** bis zur Haltestelle **Koganei-Koen Nishi-Guchi** Wer sich wagt, kann natürlich auch ab dem Bahnhof zu Fuß laufen. Für den Rückweg bietet es sich an, den Ausgang **Koganei Koen Mae** zu verwenden und bis zum **Higashi-Koganai-Bahnhof [JC14]** (1b) an der Chuo-Linie zu laufen.

34.2. Eingang Edo-Tokyo Tatemono-en

Das Museum gehört zum Edo-Tokyo-Museum (siehe Kapitel 26.2) und dient der Erhaltung historisch wertvoller Gebäude. Außer der Bedrohung durch Feuer, Überflutungen sowie Erdbeben sind die wenigen

noch erhaltenen alten Gebäude aus der Edo-Zeit durch neue Bauvorhaben und die Stadtentwicklung gefährdet. Aus diesem Grund hat die Tokioter Stadtverwaltung 1993 ein 7 Hektar großes Areal für ein Freilichtmuseum bereitgestellt. *Di–So 9:30–17.30 Uhr, Oktober–März nur bis 16:30 Uhr. Eintritt 400 ¥, Schüler und Rentner 200 ¥. www.tatemonoen.jp* 042-388-3300
Download der Broschüre des Tatemono-en: *www.gomap.de/tetm*

Altes Wohnhaus im Tonogayato-Garten

Im Edo-Tokyo Tatemono-en (#)

34.3. Ippei Soba
Bei den Studenten der naheliegenden Uni ist das Nudelsuppen-Restaurant beliebt wegen der außergewöhnlich guten und gesunden Ramen. Es gibt keine englische Karte, kaufen Sie einfach ein Ticket für »Ippei Soba« am Automaten. Mich machte die kleine Portion für 570 ¥ satt (rote Taste ganz oben links); wer größere Portionen möchte, drückt eine der Tasten weiter rechts und zahlt mehr.
www.ippeisoba.com 0422-88-8888

34.4. Tonogayato-Garten
Die Chuo-Linie etwas weiter westlich liegt der **Bahnhof Kokubunji [JC16]**. Vom Südausgang laufen Sie einfach die Straße 90 m links hinunter und kommen zum Eingang des Tonogayato-Gartens. Der Garten wurde ab 1913 angelegt und nutzt die natürliche Geländeformation und eine Quelle, die einen Teich speist. *Täglich 9–17 Uhr, 150 ¥.*
042-342-7991

34.5. Fuchushi-Kyodonomori-Museum
Etwas weiter ist die Anreise* zu diesem Garten, der im September für die Blüte der rosaroten Spinnenlilie bekannt ist. Ganzjährig lohnt sich der Besuch des Freilichtmuseums mit historischen Gebäuden, es ist aber kleiner als der Edo-Tokyo Tatemono-en.
Di–So 9–17 Uhr, 200 ¥. 042-368-7921
www.fuchu-cpf.or.jp/museum

*Fahren Sie mit der Chuo-Linie eine Station weiter bis nach **Nishi-Kokubunji [JC17]** und steigen dort in die Musashino-Linie, von dort geht es weiter südlich bis zum Bahnhof **Fuchu-Honmachi [JM35]**. Der Fußweg von dort zum Museum beträgt knapp 20 Minuten. **Tipp:** Für den Rückweg nach Tokio können Sie von der Bushaltestelle vor dem Museum bis zum **Bahnhof Bubaigawara [KO-25]** fahren, von dort mit der Keio-Linie nach Shinjuku.

Im Fuchushi-Kyodonomori-Museum

35. Kawagoe – Alte Häuser und Glockenturm   Di Do–So   **4 km**

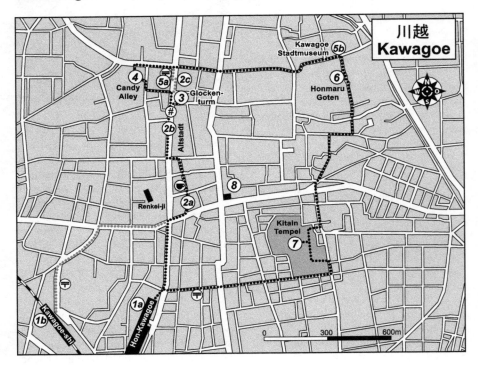

35.1. Bahnhöfe Kawagoe

Kawagoe liegt eine knappe Zugstunde außerhalb von Tokio. Sie fahren von **Shinjuku** mit der Seibu-Shinjuku-Linie (Express) bis nach **Hon-Kawagoe [SS29]** (1a). Alternativ mit der Tobu-Tojo-Linie von **Ikebukuro** aus zum Bahnhof **Kawagoe-shi [TJ-22]** (1b). *Tipp:* Ab Shibuya mit der Fukutoshin-Linie bis Wakoshi, dort in Tobu-Tojo-Line umsteigen.

35.2. Altstadt (Ichiban Gai)

Kawagoe wird auch »Klein-Edo« genannt, weil hier einige alte Gebäude sowohl das große Erdbeben von 1923 als auch die Luftangriffe des 2. Weltkrieges überstanden. Eindrucksvoll ist die **Taisho Roman Dori** (2a), aber noch älter sind die feuerfesten Lagerhäuser (*Kura*) in der **Kurazukuri-Straße** (2b). Heute sind dort Läden für Souvenirs sowie Restaurants und Cafés untergebracht. Das älteste erhaltene Gebäude ist das Haus der Familie **Osawa** (2c), es wurde 1792 erbaut. *1-15-2 Motomachi, Kawagoe, Eintritt 200 ¥.*

In der Taisho Roman Dori

An jedem 3. Samstag und Sonntag im Oktober ist das große Kawagoe-Festival. Festwagen mit bis zu 7,5 Tonnen Gewicht werden begleitet von traditioneller *Edobayashi-Musik* durch die Straßen gezogen.

35.3. Glockenturm (Tokinokane)

Eine weitere Sehenswürdigkeit ist der seit 400 Jahren bestehende hölzerne **Glockenturm**. Der jetzige Turm wurde 1893 nach einem Feuer wieder aufgebaut. Er läutet auch heute noch um 6, 12, 15 und 18 Uhr.

Glockenturm (Tokinokane)

35.4. Süßigkeiten-Zeile

Diese schmale von Süßigkeitenläden gesäumte Gasse **Candy Alley** weckt heute bei vielen Japanern nostalgische Erinnerungen. Die Entstehung dieser Ladenzeile geht auf die frühe Meiji-Epoche (1868–1912) zurück.

35.5. Museen

Im **Kawagoe-Festival-Museum (5a)** werden auch zwei der prächtigen Festwagen gezeigt. *Do–Di 9:30–17 Uhr, Eintritt 300 ¥.*
www.kawagoematsuri.jp   049-225-2727
Das **Stadtmuseum von Kawagoe (5b)** ist ein neueres Museum, das eine gute Einführung in die Geschichte der Stadt bietet. Sehenswert sind die Modelle der alten Stadt und Hintergründe sowie Bauweise der feuerfesten Lagerhäuser (*Kura*). *Di–So 9–17 Uhr, 4. Freitag zu, Eintritt 200 ¥.   049-222-5399*
museum.city.kawagoe.saitama.jp

35.6. Honmaru Goten

Honmaru Goten ist das einzig noch erhaltenen Gebäude der 1497 erstmals erbauten Burg von Kawagoe. Die Burg von Kawagoe diente *Tokugawa Ieyasu* als wichtige Verteidigungsanlage zum Norden hin. Honmaru Goten was das innerste Palastgebäude und Residenz des Feudalherrn; das jetzige Gebäude wurde 1848 wieder aufgebaut. *Geöffnet wie das Stadtmuseum, Eintritt 100 ¥.*

35.7. Kitain-Tempel

Der **Kitain-Tempel** gehört zur buddhistischen *Tendai-Sekte*, seine Gründung geht auf das Jahr 830 zurück. 1300 wurde er vom Herrscher *Gofushimi* zum Tendai-Haupttempel in Japan ernannt; bis heute ist es der Haupttempel für das Kantogebiet.
Einige Gebäude des Kitain-Tempels sind die einzigen noch erhaltenen Überreste der Edo-Burg im alten Tokio (Edo). *Shogun Iemitsu* lies seinerzeit nämlich einige Gebäude nach Kawagoe schaffen, um dort den Kitain-Tempel wieder aufzubauen. Einer der schönsten Räume ist der angebliche Geburtsort des *Shoguns Iemitsu*. **Tipp:** Eine Sehenswürdigkeit sind 540 Steinfiguren, bei denen kein Gesicht dem anderen gleicht und jedes eine andere menschliche Gefühlsregung ausdrücken soll. Jedes Jahr am 3. Januar findet das sogenannte *Daruma Festival* auf dem Tempelgelände statt.
Täglich geöffnet 8:50–16 Uhr, Eintritt 400 ¥.
www.kawagoe.com/kitain   049-222-0859

35.8. Unagi Ichinoya

Unübersehbar an der Ecke steht das alteingesessene Restaurant. Die Spezialitäten sind gekochter oder gegrillter Aal »**Unagi**« und mit Rührei gekochte Schmerlen »**Yanagawa Nabe**«. **Tipp:** Kommen Sie möglichst früh und tragen Sie sich in die am Hintereingang ausgelegte Reservierungsliste ein, um lange Wartezeiten zu vermeiden. Englische Menükarte mit Bildern vorhanden. *Tgl. 11–21 Uhr.*
www.unagi-ichinoya.jp   049-222-0354

36. Hakone – Onsen und brodelnder Schwefel Fr–Mi 5 km

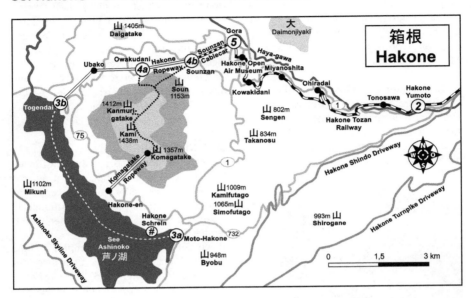

36.1. Lage und Anreise
Ein Ausflug nach **Hakone** gehörte wegen der schönen Berglandschaft, der heißen Quellen und verschiedener Sehenswürdigkeiten schon im 19. Jahrhundert zu einem Japanbesuch unbedingt dazu. Das Hakonegebiet liegt 90 km westlich von Tokio (circa 1,5 Bahnstunden) und erstreckt sich innerhalb eines Dreiecks, dessen Eckpunkte durch den **Fuji-san** sowie die Städte **Odawara** und **Atami** gebildet werden. Sie fahren mit dem Zug zunächst nach Odawara (entweder mit der Tokaido-Linie ab Tokio oder der privaten Odakyu-Linie ab Shinjuku). Die Odakyu-Linie bietet auch Züge an, die bis Hakone-Yumoto durchfahren (bequemer *Romance Car* oder regulärer Express). Nutzer des Japan Rail Pass fahren mit der Tokaido-Linie bis Odawara und steigen dort in die Hakone-Tozan-Linie um. *Tipp:* Für eine komplette Rundreise im Hakonegebiet empfehle ich Ihnen, unbedingt den *Hakone Free Pass* zu kaufen (5140 ¥ mit Fahrt ab Shinjuku oder 4000 ¥ ab Odawara). *www.hakone.or.jp/en*

36.2. Hakone-Yumoto [OH-51]
Hakone-Yumoto ist die erste Station sowie gleichzeitig das Tor zu den heißen Thermalquellen des Hakone-Gebietes. Vom Bahnhof aus reihen sich jede Menge Restaurants und Souvenirshops entlang der Straße. Berühmt ist Yumoto für seine Herbergen mit eigenem Onsen und heissen Bädern für Tagesausflügler. Am Morgen sollten Sie keine Zeit verlieren, fahren Sie am besten so zeitig in Tokio los, dass Sie von der **Haltestelle 2** den Bus um 9:13 Uhr zum **See Ashinoko** erreichen.

36.3. Ashinoko
An der Haltestelle **Moto-Hakone (3a)** verlassen Sie den Bus und nehmen das Schiff um 10:10 Uhr. Das rote Torii am Wasser gehört zum **Hakone-Schrein**, der circa 15 Minuten Fussweg entfernt liegt. Falls Sie dort vorbeischauen möchten, nehmen Sie das Schiff um 10:50 oder 11:30 Uhr. Wenn Sie mit dem Wetter Glück haben, sehen Sie den Fuji-san bei der Überfahrt nach **Togendai (3b)**.
www.hakonejinja.or.jp 0460-83-7123

Torii Hakone-Schrein im Ashinoko (#)

36.4. Owakudani und Soun-zan
Von **Togendai** fahren Sie mit der Seilbahn nach **Owakudani (4a)**, wo man die Schwefelquellen besichtigen kann. Owakudani liegt im alten Krater des Berges **Kami-yama**. Eine Spezialität sind Eier, die im heißen, brodelnden Schlamm gekocht werden. Dabei wird die Schale der Eier schwarz und es werden ihnen Heilkräfte zugeschrieben. Angeblich soll sich pro verzehrtes Ei das Leben um sieben Jahre verlängern. Neben Restaurants sowie den obligatorischen Souvenirläden gibt es hier noch das **Hakone-Geomuseum**, das eine gute Einführung in die Vulkanologie und einen Überblick über das Hakonegebiet gibt. *Täglich 9–16 Uhr, Eintritt 100 ¥.*
www.hakone-geomuseum.jp 0460-83-8140
Mit der Seilbahn *(Hakone Ropeway)* fahren Sie nach **Soun-zan (4b)**, dem Umsteigeort in die Drahtseilbahn *(Soun-zan Cablecar)*.

36.5. Gora
Mit der Drahtseilbahn können Sie direkt nach **Gora** hinunterfahren, doch sollten Sie unbedingt einen Stopp an der Haltestelle **Koen-kami** einlegen, um das **Hakone Museum of Art** zu besuchen. Dort wird Keramikkunst aus vorchristlicher Zeit bis hin zur Edozeit ausgestellt. *Tipp:* Der Grund für einen Besuch ist der atemberaubende japanische Garten mit Moosen, Wasserfällen und Teehäusern. *Fr–Mi 9:30–16 Uhr, 900 ¥ (nur 700 ¥ mit Hakone Free Pass).*
www.moaart.or.jp/hakone 0460-82-2623

36.6. Hakone-Freilichtmuseum
Mit der Hakone-Tozan-Linie fahren Sie zurück nach **Hakone-Yumoto**. Falls die Zeit es noch zulässt, steigen Sie bereits nach einer Station am **Chokoku-no-mori-Bahnhof** wieder aus, um einen Abstecher zum **Hakone-Freiluftmuseum** zu machen. Dort werden in einem Park Werke berühmter Bildhauer des 19. und 20. Jahrhunderts (unter anderem Rodin, Bourdelle, Moore, Zadkine und Picasso) ausgestellt. *Tgl. 9–17 Uhr, 1600 ¥.*
www.hakone-oam.or.jp 0460-82-1161

36.7. Ausklang mit Onsenbesuch
Zum perfekten Abschluss fehlt nur noch der Besuch eines Onsens. Nur 5 Minuten Fussweg vom Bahnhof Tonozawa entfernt liegt das neue **Hakone Yuryo**, das auch ausländische Touristen (ohne Tattoos) willkommen heißt. Ortsunkundige nehmen besser den kostenlosen Shuttlebus, der direkt vor dem Bahnhof Hakone-Yumoto abfährt. Es gibt ein großes Innenbad, mehrere Außenbäder und eine Sauna mit stündlichen Aufgüssen.
Täglich 10–21 Uhr geöffnet, Eintritt 1400 ¥. Handtücher kosten 250 ¥ bzw. 450 ¥ extra.
www.hakoneyuryo.jp 0460-85-8411
Tipp: Ein Geheimtipp ist das **Yu-No-Sato** mit seinem herrlichen Außenbereich. Von einem 2 m hohen Wasserfall können Sie sich die Schulter massieren lassen. Zum Onsen gelangt man mit dem Shuttlebus zum Hotel Okada (100 ¥). *Täglich 11–23 Uhr, 1450 ¥.*
www.yunosato-y.jp 0460-85-3955

Typische Herberge mit Onsen in Yumoto

37. Nikko – Die Tempelstadt in den Bergen   Mo–So   5 km

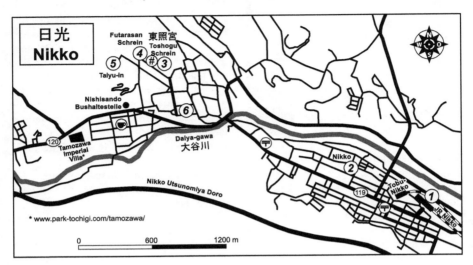

37.1. Lage und Anreise

Nikko ist eine im 17. Jahrhundert erbaute Schreinanlage und liegt 125 km nördlich von Tokio. Über 40 herrliche Tempel und Schreine liegen hier in einem malerischen Gebirgstal und ein japanisches Sprichwort lautet: »Nikko wo minakeraba kekko to iu na«, was so viel heißt wie: »Sage nicht prachtvoll, bevor Du nicht Nikko gesehen hast.«

Ein Tag genügt, um die Tempelanlagen zu besichtigen. Möchten Sie sich zusätzlich die nähere Umgebung wie beispielsweise Chuzenji-See und Kegon Wasserfall ansehen, ist eine Übernachtung zu empfehlen.

Die Anreise erfolgt am Morgen mit der Tobu Railway (Nikko-Linie) vom Bahnhof Tobu-Asakusa. Die Reise dauert circa 2 Stunden.

Tipp: Fast alle Züge sind *Limited Express* mit reservierten Sitzen, die einfache Fahrt kostet 2800 ¥. Doch um 5:58 Uhr fährt ein normaler Zug für nur 1360 ¥ nach Nikko (Ankunft 8:16 Uhr, ein Umstieg). Die historische Route nach Nikko war die alte **Hokkaidostraße**, eine seit dem Mittelalter bestehende Nord-Süd-Verbindung. Von dieser alten Heeresstraße bog man in Utsunomiya in Richtung Nikko ab und befand sich dann auf einer 30 km langen Kryptomerienallee, die bis nach Nikko zur heiligen Brücke führte.

37.2. Das Dorf Nikko

Vom Bahnhof Tobu-Nikko erreicht man die Schreinanlage nach 20 Minuten Fußweg entlang einer mit Restaurants und Geschäften gesäumten Straße. Die lokale Spezialität ist *Yuba-Soba*, eine Buchweizennudelsuppe mit *Yuba*, das aus der Haut der Sojamilch gewonnen wird. *Yuba* ist sehr proteinreich und eine typische Nahrung für die sich vegetarisch ernährenden Mönche. Das Dorf Nikko wird von der Tempelstadt durch den Gebirgsbach **Daiya-gawa** getrennt. Beim Überqueren der Brücke liegt parallel gleich die erste Sehenswürdigkeit, die **Shinkyo** genannte heilige Brücke. Diese heilige Brücke durfte früher nur vom japanischen Kaiser oder einem kaiserlichen Abgesandten betreten werden. Die restaurierte Brücke kann jetzt besichtigt werden. *April–Sept. 8–17 Uhr, Okt.–März 9–16 Uhr, Eintritt 300 ¥. www.shinkyo.net/english   0288-54-0535*

Shinkyo-Brücke

37.3. Toshogu-Schrein

Wir beginnen unsere Besichtigung mit dem Toshogu-Schrein. Dieser Schrein wurde zu Ehren und als letzte Ruhestätte des *Shoguns Tokugawa Ieyasu* (1542–1616) erbaut. Er war der Gründer des fast 300-jährigen *Tokugawa-Shogunats* (1603–1868), der längsten Friedenszeit in Japans Geschichte. Nach Durchschreiten des Eingangstores gelangen Sie zunächst in einen Vorhof. Hier befinden sich rechts drei Lagerhäuser für den Schreinschatz, die **San-Jinko**. Auf der Stirnseite des einen Gebäudes befindet sich eine berühmte Schnitzerei, sie basiert auf einer Zeichnung des Künstlers *Tanyu Kano*. Sie werden »Elefanten der Phantasie« genannt, weil der Künstler nie einen echten Elefanten gesehen hat, aber die beiden Elefanten trotzdem sehr realistisch dargestellt sind. Beim ersten Gebäude links im Vorhof handelt es sich um den **heiligen Pferdestall**.

*Toshogu-Schrein **(#)***

Berühmt ist es für seine Affenschnitzereien, welche die Prinzipien der Tendaisekte widerspiegeln: »Sehe nichts Böses, sage nichts Böses und höre nichts Böses«.

Links von einem **Bronze-Torii** gelegen, reinigen Sie sich Mund und Hände an der heiligen Quelle, bevor Sie den inneren Schreinbezirk über das **Yomei-Mon** »Sonnenlicht-Tor« betreten. Das Tor wird auch »Dämmerungstor« genannt, weil man es solange betrachten will, bis man von der Dämmerung übermannt wird.

Yomei-Mon

Das Yomei-Mon ist ein Wunderwerk japanischer Baukunst und gleichzeitig das kostbarste Bauwerk innerhalb der Schreinanlage in Nikko. Zum Verbinden der Balken wurde kein einziger Nagel verwendet, alle Teile sind sorgfältig zusammengefügt. Um böse Geister abzuhalten und zu verwirren, wurde eine Säule bewusst falsch herum montiert.
Tipp: Der Toshogu-Schrein ist auch werktags immer sehr voll mit Reisegruppen. Am Besten ist es noch, wenn Sie hier am frühen Morgen oder späten Nachmittag kommen.

Den inneren heiligen Schrein erreicht man durch das **Sakashita-mon**, ein Tor über dem eine geschnitzte **schlafende Katze** wacht. 207 Treppenstufen führen zunächst zum Heiligen Schrein, hinter dem sich das eigentliche **Grabmal Ieyasu Tokugawas** befindet. Die menschlichen Überreste des Shoguns sind in einer kleinen bronzenen Pagode.

Vor dieser Pagode gibt es drei als *Mitsugusoku* bekannte Gegenstände: Eine Blumenvase in Lotusblumenform, ein Räuchergefäß mit einem chinesischen Löwen und ein Kerzenhalter mit einem Storch, der auf einer Schildkröte steht.

Wenn wir den Hauptschreinbezirk über das Yomei-Mon verlassen, führt rechts ein kurzer Weg zum buddhistischen Tempel **Yakushi-do**. In dessen Tempelhalle **Honji-do** können Sie einen auf die Decke gemalten Drachen bewundern, dieser wird **Naki-ryu** »Brüllender Drache« genannt. Klatscht man in die Hände oder schlägt zwei Holzstücke zusammen, so entsteht ein Echo, das sich anhört, als würde der Drachen aufschreien. Feste mit großen Umzügen finden am 18. Mai sowie am 17. Oktober statt.

Eintritt Toshogu-Schrein 1300 ¥. Kombiticket mit dem neuen Nikko Toshogu Museum 2100 ¥ (nur Museum 1000 ¥). 8–17 Uhr April bis Oktober, 8–16 Uhr November bis März.
www.toshogu.jp　　　　　　0288-54-0560

37.4. Futarasan-Schrein

Der Futarasan-Schrein befindet sich nur wenige Gehminuten vom Toshogu-Schrein entfernt. Am Eingang steht ein großes **Kupfer-Torii**. Der Hauptschrein wurde 1619 erbaut und ist somit das älteste Gebäude innerhalb der Nikko-Schreinanlagen. Er ist nicht so stark verziert und steht daher für den eher schlichten Stil der frühen Edo-Periode. Wie beim Toshogu-Schrein befinden sich auf dem Gelände des Futarasan-Schreins zahlreiche Stein- sowie Bronzelaternen, die bei Schreinfesten beleuchtet werden. Eine sagenumwobene 2,3 m hohe Bronzelaterne steht rund 50 m hinter dem Ticketschalter zum Schreingarten **Shin-en** und ist von einem Holzzaun umrahmt. Sie wurde 1292 im späten Kamakurastil erstellt und heißt **Bakedoro**. Der Sage nach nahm diese »Geisterlaterne« bei Dunkelheit eine unheimliche Gestalt an und wurde einst von einem Samurai, der ihr nachts begegnete, verwundet. Daraufhin verschwand der Geist, und es blieb nur die Bronzelaterne zurück. Bis heute kann man die tiefen Kerben sehen, die der Samurai mit dem Schwert geschlagen hat.

Eintritt Schreingarten Shin-en 200 ¥.
www.futarasan.jp　　　　　　0288-54-0535

37.5. Taiyu-in (Schrein von Iemitsu)

Begeben Sie sich vom Futarasan-Schrein aus weiter in den Wald, kommen Sie zum **Taiyu-in**, das Mausoleum für *Iemitsu*. *Iemitsu* war der 3. Shogun des *Tokugawa-Shogunats* und Enkel *Ieyasus*; *Iemitsu* hatte den Bau des Toshogu-Schreins veranlasst.

Besonders erwähnenswert ist das **Nintenmon** »Zwei-Himmels-Tor«, das auch **Kaminari-mon** »Donner-Tor« genannt wird, denn in den hinteren Seitenflügeln des Tores befinden sich die beiden Statuen der himmlischen Schutzgötter für Wind und Donner.

Täglich 8–16 Uhr, Eintritt 550 ¥.
www.gomap.de/tiem

37.6. Rinno-ji-Tempel

Sollte auf dem Rückweg zum Eingang des Tempelbezirkes noch Zeit bleiben, empfiehlt sich eine Besichtigung des **Rinno-ji-Tempels** mit Museum und Garten. Das Hauptgebäude heißt **Sanbutsu-do** und ist das größte Tempelgebäude im Nikkogebiet, das die typische Architektur der Tendai-Glaubensrichtung verkörpert. Der Name Sanbutsu-do bedeutet »Drei-Buddha-Halle« und steht für die drei Statuen im Inneren: *Tausendhändige Kannon* (Gott der Barmherzigkeit), *Amida Buddha* und *Pferdekopf-Kannon*.

Der Garten **Shoyo-en** ist im typischen Edo-Stil angelegt und lockt zu jeder Jahreszeit.

Eintritt Rinno-ji-Tempel 400 ¥. Geöffnet 8–17 Uhr, November–März 8–16 Uhr, Museum und Garten 300 ¥. ***Wegen Restaurierungsarbeiten ist der Tempel bis 2020 eingerüstet, die Arbeiten lassen sich solange über Treppen und Leitern beobachten.***
www.rinnoji.or.jp　　　　　　0288-54-0531

37.7. Chuzenji-See/Kegon-Wasserfall

Wegen der Naturschönheiten des Nikkogebietes lohnt sich ein Besuch des **Chuzenji-Sees** mit dem **Kegon-Wasserfall**.
Von Nikko gibt es eine Busverbindung (Aufschrift am Bus: *Chuzenji Onsen* oder *Yumoto Onsen*), die Busse halten sowohl am Tobu-Bahnhof Nikko, an der *Shinkyo-Brücke* und bei *Nishisando*. Von der Bushaltestelle Chuzenji Onsen gelangen Sie in 5 Minuten zu Fuß zum Eingang des Kegon-Wasserfalls.
Die Basis des fast 100 m hohen Wasserfalls erreicht man nur über einen Fahrstuhl. Im Sommer besticht der Kegon-Wasserfall durch seine in einen Wassernebel gehüllte Schönheit, im Winter durch Eiszapfen.
Eintritt Wasserfall (Fahrstuhl) 550 ¥.
www.kegon.jp   0288-55-0030
Der **Chuzenji-See** liegt 1269 m über dem Meeresspiegel. Er erhielt seinen Namen vom Tempel Chuzenji, der 784 vom Mönch *Shoto* gegründet wurde. Besonders schön ist die Gegend Anfang Mai zur Kirschblüte und im Oktober zur Herbstlaubfärbung. Eine Bootsfahrt auf dem See beginnt am *Ojiri-Pier* (5 Minuten Fußweg von der Bushaltestelle *Chuzenji Onsen*) und geht in 20 Minuten bis nach *Shobugahama (570 ¥, nicht von Dez. bis März)*. Zurück an der Haltestelle *Chuzenji Onsen* findet man zahlreiche Souvenirgeschäfte, Restaurants und Onsen-Hotels.

Kegon-Wasserfall und Chuzenji-See

37.8. Yumoto Onsen

Tiefer in den Bergen (1478 m über NN) gelegen befindet sich der Onsen-Ort **Yumoto**. Es gibt einen See, den **Yunoko**, der von prächtig bewaldeten Bergen umgeben und nur von der südlichen Seite zugänglich ist. Hier haben sich einige luxuriöse Onsen-Hotels angesiedelt. Zu erreichen ist **Yumoto Onsen** per Bus (30 Minuten von Chuzenji Onsen oder 1 Stunde 20 Minuten vom Bahnhof Nikko). Zwischen den beiden Seen Chuzenji und Yunoko erstreckt sich ein großes Sumpfgebiet, das über gut erschlossene Wanderwege erkundet werden kann.

Übersichtskarte Nikkogebiet

38. Fuji-san – Japans heiliger Berg   Mo–So

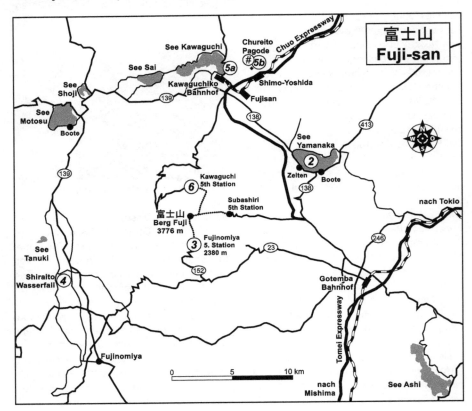

38.1. Lage und Anreise

Der **Fuji-san** (3776 m) ist der höchste Berg Japans und gleichzeitig der symmetrischste Vulkankegel der Welt. Geologisch gilt der Berg als noch aktiv – beim letzten Ausbruch im Jahre 1707 verstreute er seine Asche bis nach Tokio. 2013 wurde der Fuji-san aufgrund seiner Bedeutung für Kunst, Poesie und Religion von der UNESCO in die Liste des Weltkulturerbes aufgenommen.

Tipp: Für einen Tagesausflug kann man sich einen Mietwagen leihen oder bucht rechtzeitig über **www.japanican.com** eine organisierte Bustour. Für die Besteigung des Fujisan kaufen Sie frühzeitig ein Busticket zur 5. Bergstation. *www.highway-buses.jp/fuji*

Die offizielle Saison zur Besteigung geht für alle Wege vom 10. Juli bis 10. September. Dieser Zeitraum sollte auch eingehalten werden, da es außerhalb der Saison schon Todesfälle unter ausländischen Bergsteigern gab.

38.2. Yamanaka-See

Wenn Sie von Tokio auf der Chuo-Expressway fahren, dann ist der **Yamanaka-See** *(Yamanaka-ko)* der erste Stopp im Gebiet um den Fuji-san. Der See ist mit 6,7 km^2 der größte von den 5 Fuji-Seen. Sie können dort mit dem Boot fahren oder am Ufer zelten. Am 1. August findet ein Fest mit großem Feuerwerk statt.

Im Winter ist der See fürs Eislochangeln und Schlittschuhlaufen bekannt.

38.3. Fujinomiya-guchi 5. Station

Die 5. Bergstation von Fujinomiya ist mit 2380 m die höchste mit dem Auto erreichbare Station. Bei klarem Wetter haben Sie hier einen herrlichen Blick in die Ferne. Wenn Sie aber Pech haben, ist der Fuji in Wolken gehüllt und Sie können weniger als 50 m schauen. Von der Station aus kann man eine kleinen Rundweg laufen, der circa 50 Minuten dauert.

38.4. Shiraito-Wasserfall

Südwestlich vom Fuji-san liegt dieser zwar nur 26 m hohe, aber durch seine Breite von 200 m recht schöne Wasserfall. **Shiraito-no-taki** heißt übersetzt »Weiße-Fäden-Wasserfall«, er wird vom Regen- und Schmelzwasser des Fuji-san gespeist.

Shiraito-no-taki

38.5. Kawaguchi-See

Vom Nordufer des **Kawaguchi-Sees** hat man angeblich den schönsten Blick auf den Fuji-san, und mit etwas Glück spiegelt sich der Berg im Wasser. *Tipp:* Die Seilbahn am Ostufer des Sees (**5a**) erreichen Sie zu Fuß vom Bahnhof aus. Vom Berg **Tenjo** genießen Sie dann eine herrliche Aussicht. 0555-72-0363 *Seilbahnfahrt 800 ¥, täglich 9–17:10 Uhr. www.kachikachiyama-ropeway.com*
Vom **Bahnhof Shimo-Yoshida** aus erreichen Sie in 20 Minuten die **Chureito-Pagode** (**5b**).

38.6. Besteigung des Fuji-san

Wie eingangs erwähnt sollten Sie die Besteigung des Fuji von der 5. Bergstation beginnen (**Kawaguchi-ko 5th Station**). Aufgrund seiner Höhe ist auf dem Gipfel eine um 20° geringere Temperatur als auf Meereshöhe zu erwarten. Hinzu kommen zum Teil sehr starke Winde. Selbst im Sommer sollten Sie also unbedingt warme Kleidung (wind- und regendichte Jacke, Mütze und Handschuhe) dabei haben. Bringen Sie auf jeden Fall genügend Flüssigkeit (min. 3 Liter) und auch etwas Verpflegung mit. Man kann sich zwar etwas in den Hütten kaufen, allerdings ist es teuer und die Hütten sind nur im Juli und August offen. Bei der Besteigung können bei einigen Menschen durchaus Symptome der Höhenkrankheit auftreten, dann sollte man besser wieder hinabsteigen. Am beliebtesten sind die Nachtaufstiege, dazu sollten Sie eine Taschenlampe mit Ersatzbatterien dabeihaben. Kommt man rechtzeitig zum Sonnenaufgang am Gipfel an, erwartet einen bei gutem Wetter ein absolut unvergessliches Naturschauspiel. Der Aufstieg dauert je nach Kondition 4–8 Stunden, der Abstieg 2–4 Stunden. Bei guter Fernsicht lohnt es sich auf jeden Fall, zusätzlich noch den Kraterrand in einer guten Stunde zu umrunden. Auf dem Gipfel gibt es einen Shinto-Schrein, ein Postamt, eine Wetterstation sowie mehrere Lokale. Ein japanisches Sprichwort besagt, dass es weise ist, den Fuji einmal zu besteigen; wer ihn aber zweimal besteigt, sei ein Dummkopf.

Fuji-san und Chureito-Pagode (#)

Anhang

Jahreskalender – Wann mache ich was? *(Seitenverweise in Klammern)*

1.1.: Neujahrsbesuch eines Schreines, Empfehlung: Meiji-Schrein *(34)*
2.1.: Neujahrsempfang am Kaiserpalast *(19)*
3.1.: Daruma Festival am Kitain-Tempel in Kawagoe *(79)*
24. und 25.1.: Schreinfest »Usukae Shinji« am Kameido-Tenjin-Schrein *(61)*
8.2.–8.3.: Pflaumenblütenfest »Ume Matsuri« am Yushima-Tenjin-Schrein in Kanda *(45)*
Ende März: Messe »Photo Imaging Expo« in Tokyo Big Sight, Odaiba *(59)*

Anfang April: Tempelfest »Gyokidaie« am Zojo-ji mit großem Umzug *(12)*
Zur Kirschblüte: Nachtbeleuchtung und Musik im Hama-Rikyu-Park *(15)*
2.–3. Sonntag im April: Kamakura-Festival am Hachimangu-Schrein *(73)*
  2. Sonntag: Tanz »Shizuka no mai«
  3. Sonntag: Reiterspiele »Yabusame«
16.–17.4.: Yayoi Matsuri am Futarasan-Schrein in Nikko *(84)*
14.4.–5.5.: Fest zur Azaleenblüte am Nezu-Schrein *(25)*
Mitte April–Anfang Mai: Glyzinenblütenfest am Kameido-Tenjin-Schrein *(61)*
3.5.: Hafenfest »Yokohama Minato Matsuri« mit internationalem Trachtenumzug *(68)*
Dem 15.5. nächstgelegener Sa und So: Kanda Matsuri mit 70 Trageschreinen *(45; nur alle 2 Jahre!)*
3. Sonntag im Mai: »Sanja Matsuri« des Asakusa-Schrein in Asakusa mit über 100 Trageschreinen *(51)*
17.–18.5.: Schreinfest am Toshogu-Schrein in Nikko zu Ehren von *Tokugawa Ieyasu (83)*

Anfang–Mitte Juni: Die Irisblüte kann z.B. an folgenden Orten gesehen werden:
Koishikawa Korakuen *(53)*
Meiji Jingu Gyoen *(34)*
Yasukuni-Schrein *(47)*

10.–16.6.: Tempelfest »Sanno Matsuri« am Hie-Schrein *(46; nur alle 2 Jahre!)*
15.6.: Parade »Shinko Gyoretsu« während des »Sanno Matsuri« am Hie-Schrein
7.7.: Sternenfest »Tanabata« wird an verschiedenen Orten gefeiert. Empfehlen ist das Tanabatafest in Hiratsuka *(1 Stunde vom Tokio Hauptbahnhof mit der Tokaido-Linie)*

Mitte Juli–Anfang August: Sommerfest »Natsu Matsuri« am Shinobazu-no-ike *(23)*
Ende Juli: Kagurazaka-Fest mit Ständen um Zenkoku-ji-Tempel und Awa-odori-Tanz *(53)*
Letzter Sa im Juli: Spektakuläres Feuerwerk »Sumidagawa Hanabi Taikai« am Sumida-Fluss. Nur bei starkem Regen wird der Termin verschoben.
Erster Dienstag im August: Feuerwerk am Katase Strand in Enoshima *(77)*

14.–16.9. Fest am Hachimangu-Schrein in Kamakura *(73)*
15.9.: Parade mit drei Trageschreinen
16.9.: Höhepunkt: Reiterspiele »Yabusame«
17.10.: Herbstfest am Toshogu-Schrein in Nikko *(84)*
3. Sa und So im Oktober: Kawagoe Matsuri mit Trageschreinen »Mikoshi« *(78)*

3.11.: Geburtstag des Meiji-Kaiser, großes Fest am Meiji-Schrein mit »Yabusame« *(34)*
Feudalherren Prozession »Hakone Daimyo Gyoretsu« in Yumoto *(80)*

4. Sonntag Okt.–4. So Nov.: Chrysanthemen-Fest am Kameido-Tenjin-Schrein *(61)*
14.12.: Gishi-sai: Fest am Sengakuji-Tempel zu Ehren der 47 Samurai *(48)*
17.–19.12.: Jahrmarkt der Federballschläger »Hagoita-Ichi« am Senso-ji in Asakusa *(51)*

Empfohlene Kapitelreihenfolge

Familien mit Kindern: 7. 21. 10. 5. 25. 2.
Geschichtsinteressierte: 3. 7. 19. 20. 35. 17.
Religiöse Stätten: 21. 8. 13. 19. 2. 18. 20. 7.
Religiöse Stätten außerhalb: 37. 32. 33.
Aussichtsucher: 2. 23. 12. 9. 10. 22. 11. 30. 31.
Fahrzeugbegeisterte: 25. 23. 4. 3.
Fotobegeisterte: 1. 12. 15. 19. 23. 38.
Influencer: 9. 6. 25. 14. 23. 21. 7. 24. 29. 32.
Einkaufssüchtige: 4. 28. 6. 8. 13. 14. 12. 29.
Edelmarken-Shopper: 13. 11. 4. 14. 15.
Modeboutiqen-Stürmer: 14. 13. 4. 16. 25.
Moderne Architektur: 23. 12. 4. 13. 25. 9. 11.
Meiji-Architektur: 5. 28. 3. 16. 20. 34.
Luxusleben: 28. 12. 23. 4. 15. 16.
Kunstfreunde: 15. 23. 5. 8. 16. 11. 14. 36.
Videospielfreaks: 25. 10. 14. 6.
Gourmets: 24. 17. 12. 30. 16. 35.

Kulturinteressierte: 4. 14. 26. 19. 12. 11.
Museumsbesucher: 7. 26. 29. 12. 25. 21. 28.
Gartenfreunde: 3. 22. 27. 20. 13. 17. 5. 7. 2.
Naturliebhaber: 16. 13. 32. 36. 37. 38.
Wandervögel: 32. 38. 36. 37. 33.
Vergnügungs-Suchende: 22. 25. 23. 21. 1.
Technikfreaks: 6. 4. 23. 3. 25. 12.
Bücherwürmer: 18. 12. 22. 15.
Manga und Cosplay: 13. 6. 10. 25. 29.
Kirschblüte: 3. 2. 7. 22. 19. 29. 27. 30.
Herbstlaubfärbung: 27. 22. 7. 20. 3.
Regentag: 7. 4. 6. 10. 14. 15. 26. 25.
Winter: 20. 22. 17.
Sommertag: 37. 7. 8. 16. 33. 36. 38. 28. 34.
Kostenlose Aussicht: 12.3. 12.7. 22.2. 11.8.
Kostenlose Gärten: 13.3. 5.4.–5.7. 7.5.
Kostenlose Museen: 3.2. 3.5. 5.5. 8.8. 9.2. 15.4. 21.5. 28.5b. 31.2c.

Tourenkombinationen (Sternsymbol in Karten)

Kapitel 24 und 4:
Verbindung über Harumi Dori
Kapitel 5 und 28:
Über Eitai Dori unter der Bahnlinie
Kapitel 7 und 21:
Verbindung über Asakusa Dori
Kapitel 9 und 21:
Verbindung über Brücke Sumidagawa
Kapitel 11 und 14:
Über Unterführung am Bahnhof Shibuya

Kapitel 11 und 23:
Über Roppongi Dori (unter Hochstraße)
Kapitel 16 und 20:
Verbindung über Meguro Dori
Kapitel 18 und 22:
Über Hakusan Dori oder Sotobori Dori
Kapitel 8 und 27:
Bis zur Hongo-Dori Ave. laufen, dort rechts
Kapitel 18 und 19:
Verbindung über Yasukuni Dori

Die Top 10 der Kapitel

Durch Auswertung der Besuchszähler der Online-Karten ergibt sich folgende Reihenfolge:

1. Shinjuku (Kapitel 12)
2. Yanaka (Kapitel 8)
3. Tokio (Kapitel 5)
4. Harajuku (Kapitel 13)
5. Ginza (Kapitel 4)
6. Hamamatsucho (Kapitel 2)
7. Akihabara (Kapitel 6)
8. Ueno (Kapitel 7)
9. Shibuya (Kapitel 14)
10. Asakusa (Kapitel 21)

Links & Meine Top 10

Architektur
1. Tokio Hauptbahnhof 18
2. Tokio Rathaus 33
3. Nakagin Capsule Tower 15
4. Tokyo International Forum 16
   www.t-i-forum.co.jp/en
5. Fuji-TV-Gebäude 58
   www.fujitv.com/visit_fujitv/
6. Bank of Japan 65
7. Asahi Brauerei H.O. 27
8. Tokyo Big Sight 59
   www.bigsight.jp/english
9. Hillside Terrace Daikanyama 39
   www.hillsideterrace.com
10. Ginza Place 17
    www.ginzaplace.jp

Aussichtsplattformen
1. Tokyo City View (Roppongi Hills) 54
   tcv.roppongihills.com/en
2. World Trade Center Building 12
   www.gomap.de/twtc
3. Tokyo Skytree 26
   www.tokyo-skytree.jp/en
4. Metropolitan Government (Rathaus) 33
   www.metro.tokyo.jp/english
5. Tokyo Tower 13
   www.tokyotower.co.jp
6. Sky Circus 28
   www.skycircus.jp
7. Bunkyo Civic Center (Ward Office) 52
   www.city.bunkyo.lg.jp
8. Hikarie Sky Lobby 31   www.hikarie.jp
9. Yokohama Marine Tower 68
   www.marinetower.jp
10. Yokohama Landmark Tower 71
    www.yokohama-landmark.jp

Gärten und Parks
1. Hama-Rikyu-Park* 15
2. Koishikawa Korakuen* 53
3. Rikugien-Garten* 63
4. Happo-en 49   www.happo-en.com
5. Yoyogi-Park 35   www.gomap.de/tyop
6. Kokyo Higashi-Koen 19
   www.kunaicho.go.jp
7. Ueno-Park mit Shinobazu-no-ike 22
8. Kyu-Furukawa-Garten* 62
9. Koishikawa Botanischer Garten* 63
10. Meiji Jingu Gyoen 34

Ikedayama-Park 49
Inokashira-Park 67
Kiyosumi-Garten* 42
Kyu-Iwasaki-tei-Garten* 23
Kyu-Shiba-Rikyu-Garten* 13
Kyu-Yasuda-Garten 60
Minami-Ikebukuro-Park 28 (Karte Kap. 10)
Mukojima-Hyakkaen-Garten* 27
National Park for Nature Study 40
   www.ins.kahaku.go.jp
Shiba-Park 12   www.gomap.de/tiba
Shinjuku Central Park 32 (Karte Kapitel 12)
   www.gomap.de/tscp
Shiokaze-Park 58 (Karte Kapitel 25)
   www.gomap.de/tskz
Shoyo-en 84
Tamozawa Imperial Villa 82 (Karte Kap. 37)
   www.park-tochigi.com/tamozawa
Tonogayato-Garten* 77
Ueno-Zoo 23   www.gomap.de/tzue
Yamashita-Park 68
   www.yamashitapark.net
Yokoamicho-Park 60 (Karte Kapitel 26)
   www.gomap.de/tymo

*Übersicht aller historischer Gärten
 teien.tokyo-park.or.jp/en

Einkaufstraßen
1. Asakusa Nakamise Dori 50
   www.asakusa-nakamise.jp
2. Tsukiji »Outside Market« 56
   www.tsukiji.or.jp
3. Akihabara Electric Town 20
   www.akiba.or.jp/english
4. Ginza 16   www.ginza.jp
5. Takeshita Street 35
   www.takeshita-street.com
6. Amazake Yokocho 43
   www.amazakeyokocho.jp
7. Cat Street Harajuku 35

8. Yanaka Ginza 24
   www.yanakaginza.com
9. Ameyoko-Ladenstraße 23
   www.ameyoko.net
10. Kappabashi Dori 51
    www.kappabashi.or.jp/en
Aki-Oka Artisan (2k540) 21
www.jrtk.jp/2k540
Center-Gai Shibuya 37
www.center-gai.jp
Daikanyama 39   www.daikanyama.ne.jp
Jimbocho Book Town 44   jimbou.info
Kagurazaka Dori 53   www.kagurazaka.in
Koen Dori Shibuya 37   www.koen-dori.com
Oedo-Antikmarkt 16
www.antique-market.jp
Yokohama Motomachi-Einkaufsstraße 69
www.motomachi.or.jp

GSIX – Ginza Six 17   www.ginza6.tokyo
Hikarie Shibuya 31   www.hikarie.jp
Odakyu Department Store Shinjuku 32
www.odakyu-dept.co.jp/shinjuku
PARCO 29   www.parco.jp
Seibu Department Store 29, 37
www.sogo-seibu.jp
Sunshine City 28   www.sunshinecity.co.jp
Tobu Department Store Ikebukuro 29
www.tobu-dept.jp/ikebukuro
Tokyu Plaza Omotesando 34 (Karte Kap. 13)
omohara.tokyu-plaza.com
Venus Fort 59   www.venusfort.co.jp
Yokohama Queen's Square 71
www.qsy-tqc.jp
Yokohama Red Brick Warehouse 71
www.yokohama-akarenga.jp
Yokohama World Porters 71 www.yim.co.jp

Einkaufszentren
1. Tokyu Plaza Ginza 17
   ginza.tokyu-plaza.com
2. Tokyo Midtown 55
   www.tokyo-midtown.com/en
3. Coredo Muromachi 65   gomap.de/tcor
4. Omotesando Hills 35
   www.omotesandohills.com
5. Takashimaya Times Square 33
   takashimaya.co.jp/shinjuku/timessquare/
6. Tokyo Solamachi 26
   www.tokyo-solamachi.jp
7. MODI 37   www.0101.co.jp/721
8. Shinjuku Park Tower 33
   www.shinjukuparktower.com
9. Marunouchi Building 18
   www.marunouchi.com
10. Roppongi Hills 54
    www.roppongihills.com
Aqua City Odaiba 58   www.aquacity.jp
Daikanyama Address 39
www.17dixsept.jp
Decks Tokyo Beach 58
www.odaiba-decks.com
Ebisu Garden Place 38
www.gardenplace.jp
Ekimise 27   www.ekimise.jp

Geschäfte
1. Uniqlo 17, 28, 50 www.uniqlo.com/jp
2. MUJI 16, 31, 37, 50   www.muji.net
   www.muji.net/foundmuji
3. Mitsukoshi 17, 38, 64
   www.mitsukoshi.co.jp
4. Bic Camera 17, 28, 32, 36
   www.biccamera.com
   Yodobashi Camera 33, 66
   www.yodobashi.com
5. Ginza Ito-ya 16   www.ito-ya.co.jp
6. Books Kinokuniya Tokyo 33
   www.kinokuniya.co.jp
7. Matsuya Ginza 16
   www.matsuya.com/ginza
8. Japan Traditional Crafts Aoyama Square
   www.kougeihin.jp   55
9. Amahare 41 www.amahare.jp
10. Tokyu Hands 28, 33, 37
    www.tokyu-hands.co.jp
Biotop 41 www.biotop.jp
The Conran Shop 33   www.conranshop.jp
Essstäbchen Edokibashi 27
www.edokibashi-daikokuya.com
Geschirr Urikiri-ya 57 www.urikiriya.co.jp
Ginza Kimuraya 17   www.ginzakimuraya.jp
Haibara 64   www.haibara.co.jp

Hara Shobo 44   www.harashobo.com
Ichimarukyu – 109 Kaufhaus 37
www.shibuya109.jp
Itakuraya 43   www.itakuraya.com
Kiya Messerhändler 65
www.kiya-hamono.co.jp
Living Design Center Ozone 33
www.ozone.co.jp/eng
Mandarake 21   www.mandarake.co.jp
Morihachi Hompo 27 www.morihati.co.jp
Morinoen (Tee) 43   www.morinoen.com
NADiff Kunstbuchhandlungen 37, 39
www.nadiff.com
Ninben Dashi Bar und Geschäft 65
www.ninben.co.jp
Ohya Shobo (Holzschnitte) 44
www.ohya-shobo.com
Oriental Bazaar 35
www.orientalbazaar.co.jp/en
Ozu Washi 65   www.ozuwashi.net
Pigment 11   pigment.tokyo
Pokémon Center 29 www.pokemon.co.jp
Radio Center 20   www.radiocenter.jp
Rakuzan (Tee) 53   www.rakuzan.co.jp
Sanseido Bookstore 44
www.books-sanseido.co.jp
Shelf-Fotobuchladen 35   www.shelf.ne.jp
Sou Sou 31   www.sousou.co.jp
TAKEO Paper 44   www.takeo.co.jp
Tower Records Shibuya 36 (Karte)
www.tower.jp/store/Shibuya
Tsukumo Robot Kingdom 21
robot.tsukumo.co.jp
Tsuruya Yoshinobu 65   www.turuya.co.jp
Tsutaya Books: T-Site Daikanyama 39
www.tsite.jp/daikanyama
Yamada Heiando 65 www.heiando.com

Hotels

1. Park Hotel Tokyo 14
   Media Tower 25-34F (Karte Kapitel 3)
   www.parkhoteltokyo.com
2. Park Hyatt Tokyo 33 (Kapitel 12)
   www.tokyo.park.hyatt.com
3. Shiba Park Hotel 12 (Karte Kapitel 2)
   www.shibaparkhotel.com
4. Grand Hyatt Tokyo 33 (Karte Kapitel 23)
   www.tokyo.grand.hyatt.com
5. Mandarin Oriental Hotel 65 (Kapitel 28)
   www.mandarinoriental.com/tokyo
6. The Ritz Carlton Tokyo 54 (Kapitel 23)
   www.ritzcarlton.com
7. Hilton Tokyo Hotel 32 (Karte Kapitel 12)
   www.hiltonhotels.de/japan
8. Hyatt Regency Tokyo 32 (Karte Kap. 12)
   www.tokyo.regency.hyatt.com
9. The Westin Tokyo 40 (Karte Kapitel 16)
   www.westin-tokyo.co.jp
10. Asakusa View Hotel 50 (Karte Kap. 21)
    www.viewhotels.co.jp/asakusa

Restaurant und Cafés

1. Hibiki Dynamic Kitchen & Bar 32
   www.dynac-japan.com/hibiki
2. Tamahide 43
   www.tamahide.co.jp
3. Soba Toshian 41
   www.gomap.de/tsob
4. Unagi Ichinoya 79
   www.unagi-ichinoya.jp
5. China Town Yokohama 69
   www.chinatown.or.jp
6. Canal Café 53
   www.canalcafe.jp
7. New York Grill & The Peak Lounge 33
   www.gomap.de/tnyg
8. Caretta Shiodome 14   (B2F, B1F, 46F)
   www.caretta.jp
9. Marunouchi Buildings 18 (B1F, 5F, 6F)
   www.marunouchi.com
10. Garden Place Tower 39 (38F, 39F)
    www.gardenplace.jp

Bäckerei Tanne 43
Caffe Michelangelo 39
www.hiramatsurestaurant.jp/michelangelo/
Cat Cafe Nekorobi 29
www.nekorobi.jp
Der Koffer 27
Les Deux Magots Café 37
www.bunkamura.co.jp/english/magots
Maid Cafes Akihabara 21
www.moeten.info/maidcafe

Kunstmuseen

1. Tokyo Photographic Art Museum 38
   www.topmuseum.jp
2. National Art Center Tokyo (NACT) 55
   www.nact.jp/de
3. Mori Art Museum 54
   www.mori.art.museum/en
4. Digital Art Museum 59
   borderless.teamlab.art
5. Tokyo Station Gallery 19
   www.ejrcf.or.jp/gallery
6. Asakura Choso Museum 24
   www.taitocity.net/taito/asakura
7. Teien-Kunstmuseum 40
   www.teien-art-museum.ne.jp
8. The Sumida Hokusai Museum 60
   hokusai-museum.jp
9. Nezu-Museum 30
   www.nezu-muse.or.jp/en
10. Idemitsu Museum of Arts 18
    www.idemitsu.com/museum

Hakone-Freiluftmuseum 81
www.hakone-oam.or.jp
Hakone Museum of Art 81
www.moaart.or.jp/hakone
Hara Museum of Contemporary Art 11
www.haramuseum.or.jp
Hatakeyama Memorial Museum of Fine Art 49
Kichijo-ji Art Museum 67
www.musashino-culture.or.jp/a_museum
National Museum of Western Art 22
www.nmwa.go.jp (Karte Kapitel 7)
Nationalmuseum für Moderne Kunst 19
www.momat.go.jp
Rouault Gallery des Shiodome Museum 15
Suntory Museum of Art 55
www.suntory.com/sma
Taro Okamoto Memorial Hall 31
www.taro-okamoto.or.jp
Toguri Museum of Art 37
www.toguri-museum.or.jp
Yokohama Museum of Art 71
yokohama.art.museum
Yokoyama Taikan Memorial Hall 23
Watarium Museum of Contemporary Art 35
www.watarium.co.jp

Museen

1. Tokyo National Museum 23 www.tnm.jp
2. Edo-Tokyo-Museum 60
   www.edo-tokyo-museum.or.jp/en
3. Ghibli-Museum 67 www.gomap.de/tghi
   www.ghibli-museum.jp
4. Shitamachi Museum 23
   www.taitocity.net/zaidan/shitamachi
5. NTT InterCommunication Center 33
   www.ntticc.or.jp
6. Miraikan Innovations-Museum 58
   www.miraikan.jst.go.jp/en
7. Edo Shitamachi Traditional Crafts Museum 51
   www.gomap.de/tecm
8. Fukagawa-Edo-Museum 42
   www.kcf.or.jp/fukagawa
9. Old Shimbashi Station 14
   www.ejrcf.or.jp/shinbashi
10. 21_21 Design Sight 55
    www.2121designsight.jp

Ancient Orient Museum 29
www.aom-tokyo.com
Archi-Depot Museum 11
www.archi-depot.com
Cupnoodles Museum 71
www.cupnoodles-museum.jp
Currency Museum 65
www.imes.boj.or.jp/cm
d47 Museum 31 www.hikarie.jp/8/en
Daimyo-Uhrenmuseum 25
Edo-Tokyo Tatemono-en 76
www.tatemonoen.jp
Enoshima Aquarium 75 gomap.de/teno
Fuchushi-Kyodonomori-Museum 77
Hakone-Geomuseum 81
www.hakone-geomuseum.jp/english
JICC-Kamera-Museum 47
www.jcii-cameramuseum.jp
Kawagoe-Festival-Museum 79
www.kawagoematsuri.jp
Kawagoe-Stadtmuseum 79
museum.city.kawagoe.saitama.jp
Militär-Museum Yushukan 47
www.yasukuni.or.jp/english/yushukan
Mitsuo Aida Museum 16
www.mitsuo.co.jp

Mori-Ogai-Memorial-Museum (Karte Kap. 8)
www.moriogai-kinenkan.jp
NYK Maritime Museum, Hikawa-maru 68,70
www.nyk.com/rekishi/e
Ota Memorial Museum of Art 34
www.ukiyoe-ota-muse.jp (Karte Kap. 13)
Printing Museum Tokyo 53
www.printing-museum.org/en
Science Museum 19   *www.jsf.or.jp*
Shitamachi Museum Annex 25
Sumo-Museum 60   *www.sumo.or.jp*
The Ad Museum Tokyo 15 *www.admt.jp*
The Japanese Sword Museum 61
www.touken.or.jp
Treasure Museum (Meiji-Schrein) 51
Tobu Museum *www.tobu.co.jp/museum* 27
Trommel-Museum 35
www.miyamoto-unosuke.co.jp
Yebisu Beer Museum 39   *gomap.de/tbmy*
Yokohama Customs Museum 70

Onsen und Bäder
1. Yu-No-Sato (Hakone) 81
   www.yunosato-y.jp
2. Hakone Yuryo 81
   www.hakoneyuryo.jp
3. Oedo-Onsen Monogatari 58
   www.ooedoonsen.jp/daiba/
4. La Qua 53   *www.laqua.jp/spa/*

Showrooms
1. Fujifilm Square 55
   fujifilmsquare.jp/en
2. Ginza Place 17   *www.ginzaplace.jp*
3. Canon Plaza S 10 *www.gomap.de/tcst*
4. Nikon Salon 33   *www.gomap.de/tnis*
5. METoA Ginza 17   *www.metoa.jp*
6. Mega Web 59   *www.megaweb.gr.jp*
7. Honda Welcome Plaza Aoyama 55
   www.honda.co.jp/welcome-plaza
8. Panasonic Center Tokyo 58
   www.gomap.de/tpct (Karte Kapitel 25)
9. Panasonic Living Showroom Tokyo 15
   www.gomap.de/tpls
10. Sony Explorascience 58
    www.sonyexplorascience.jp/english

Selfie-Spots für Instagram
1. Shibuya-Kreuzung 36   *gomap.de/ht14*
2. Senso-ji-Tempel 50   *gomap.de/ht21*
3. Digital Art Museum 59 *gomap.de/ht25*
4. Tokyu Plaza 34   *gomap.de/ht13*
5. Zojo-ji & Tokyo Tower 12 *gomap.de/ht02*
6. Hama-Rikyu-Park 15   *gomap.de/ht03*
7. Omoide Yokocho 32   *gomap.de/ht12*
8. Kaiserpalast 19   *gomap.de/ht05*
9. Nezu-Schrein 24   *gomap.de/ht08*
10. Großer Buddha 74   *gomap.de/ht32*
Hakone-Schrein 80   *gomap.de/ht36*
Chureito-Pagode 87   *gomap.de/ht38*

Theater, Kino, Konzerte, Amusement
1. Kabuki-za 17   *www.kabuki-za.co.jp*
   Für Tickets: *www.kabukiweb.net*
2. Bunkamura und Cocoon-Theater 37
   www.bunkamura.co.jp/english
3. Kokugikan (Sumohalle) 60
   www.sumo.or.jp
4. Nationaltheater 47
   www.ntj.jac.go.jp/english
5. Tokyo Opera City 33   *www.operacity.jp*
6. Blue Note Tokyo 30   *www.bluenote.co.jp*
7. SEGA Joypolis 58, SEGA Ikebukuro 28
   tokyo-joypolis.com
   www.sega-entertainment.jp
8. Hanayashiki Amusement Park 51
   www.hanayashiki.net
9. Tokyo Dome City 53
   www.tokyo-dome.co.jp/e
10. Puppentheater Shokichi 25
    shokichi.main.jp
Aqua Park Shinagawa (Karte Kapitel 1)
www.aqua-park.jp
Kanze Noh Theater 17   *www.kanze.net*
Meijiza-Theater 43   *www.meijiza.co.jp*
Sunshine Theater (Ikebukuro) 29
www.sunshine-theatre.co.jp
International Forum 16
www.t-i-forum.co.jp/en
Tokyo Metropolitan Art Space 28
www.geigeki.jp (Karte Kapitel 10)
Tokyo Water Cruise 27
www.suijobus.co.jp

Tempel, Schreine und Friedhöfe

Tokio Stadtzentrum

1. Senso-ji 51
   www.senso-ji.jp
   Asakusa-jinja 51
   www.asakusajinja.jp/english
2. Meiji-Schrein 34
   www.meijijingu.or.jp/english
3. Hie-Schrein 46
   www.hiejinja.net
4. Zojo-ji-Tempel 12
   www.zojoji.or.jp/en
5. Nezu-Schrein 25
   www.nedujinja.or.jp
6. Kanda-Myojin-Schrein 45
   www.kandamyoujin.or.jp
7. Sengaku-ji-Tempel 48
   www.sengakuji.or.jp
8. Kameido-Tenjin-Schrein 61
   www.kameidotenjin.or.jp
9. Benten-do (Kanei-ji Ueno) 23
   www.kaneiji.jp
   Toshogu-Schrein Ueno 23
   www.uenotoshogu.com
10. Yasukuni-Schrein 47
    www.yasukuni.or.jp/english

Aoyama-Friedhof 54
Choukokuji-Tempel 30
choukokuji.jiin.com
global.sotozen-net.or.jp
Daien-ji-Tempel 41
Dai-jingu-Schrein (Karte Kapitel 22) 52
www.tokyodaijingu.or.jp/english
Dembo-in-Tempel 51
www.gomap.de/tdem
Fukutoku-Schrein 65   www.mebuki.jp
Honzan-Higashihongan-ji-Tempel 50
www.honganji.or.jp (Karte Kapitel 21)
Jomyo-in-Tempel 25
Shinagawa-Schrein 11
St.-Nikolai-Kirche 44 www.nikolaido.org
Suitengu 42   www.suitengu.or.jp
Tenno-ji-Tempel 25 www.gomap.de/tten
Togo-Schrein 34 (Karte Kapitel 13)
www.togo.co.jp

Tsukiji Hongan-ji-Tempel 57
www.tsukijihongwanji.jp
Tsukudohachiman-Schrein (Karte Kapitel 22)
Yanaka-Friedhof 25 www.gomap.de/tyna
Yushima-Confucian-Schrein 45
www.seido.or.jp
Yushima-Tenjin 45
www.yushimatenjin.or.jp
Zenkoku-ji-Tempel 53
www.kagurazaka-bishamonten.com

Tokio Umgebung

1. Toshogu-Schrein Nikko 83
   www.toshogu.jp
   Shinkyo-Brücke (Nikko) 82
   www.shinkyo.net/english
   Taiyu-in (Schrein von Iemitsu) 84
   www.gomap.de/tiem
   Futarasan-Schrein 84
   www.futarasan.jp
   Rinno-ji-Tempel 84
   www.rinnoji.or.jp
2. Daibutsu (Großer Buddha) 74
   Koutoku-in-Tempel
   www.kotoku-in.jp
3. Hachimangu-Sc hrein 73
   www.hachimangu.or.jp
4. Engaku-ji-Tempel 73
   www.engakuji.or.jp
5. Hokoku-ji-Tempel 73
   www.houkokuji.or.jp
6. Kitain-Tempel 79
   www.kawagoe.com/kitain
7. Hase-dera-Tempel 74
   www.hasedera.jp/en
8. Enoshima-Schrein 75
   www.enoshimajinja.or.jp
9. Kencho-ji-Tempel 73
   www.kenchoji.com
10. Hakone-Schrein 81
    www.hakonejinja.or.jp

Chureito-Pagode (Arakurayama S. Park) 87
Yokohama Ausländerfriedhof 71
www.yfgc-japan.com

Register

21_21 Design Sight 55
47 Ronin 48
Akasaka 46
Akihabara 20
Aki-Oka Artisan (2k540) 21
Alpa-Einkaufszentrum 28
Amazake Yokocho 43
Ameyoko-Ladenstraße 23
Ancient Orient Museum 29
Anime 21, 29
Aoyama 30
Aoyama-Friedhof 54
Aqua City 58
Archi-Depot Museum 11
Asahi-Gebäude 27
Asakura-Choso-Museum 24
Asakusa 27, 50
Asakusa-jinja 51
Asakusa-Kannon-Tempel (#) 50
Ashinoko (See) 80
Bäckerei Tanne 43
Badehaus 59, 81, 85
Bank of Japan 64
Beer Museum Yebisu ☂ 39
Benten-do 23
Bic Camera ☂ 17, 28, 32, 36
Big Sight 59
Bigg Egg 52
Blue Note Tokyo 30
Buchempfehlungen 100
Buchhändler Kinokuniya ☂ 33
Buchladenviertel 44
Bunkamura 37
Bunkyo Ward Office 52
Bunraku 47
Caffe Michelangelo 39
Canon Plaza S 10
Cat Cafe Nekorobi 29
Cat Street Harajuku 35
Center-Gai Shibuya 37
China Town 69
Chiyoda-ku 46
Choukokuji-Tempel 30
Chuo Dori 21
Chureito-Pagode (#) 87
Chuzenji-See 85
Cocoon-Theater 37
Coredo Muromachi ☂ 65
Cupnoodles Museum 71
Currency Museum 64
Daibutsu Kamakura (#) 74

Daien-ji-Tempel 41
Daikanyama 39
Daiya-gawa (Gebirgsbach) 82
Decks Tokyo Beach 58
Dembo-in-Tempel 51
Diet Building 46
Digital Art Museum (#) 59
Dogen-Zaka 37
Druckerei-Museum 53
Duty-Free-Geschäfte 20
Ebisu 38
Ebisu Garden Place 38
Edo Shitamachi Trad. Crafts Museum 51
Edo-Tokyo Tatemono-en (#) 76
Edo-Tokyo-Museum ☂ 60
Electric Town Akihabara (#) 20
Engaku-ji-Tempel 73
Enoshima 74
Enoshima-Aquarium 75
Enoshima-Schrein 75
Fischmarkt 56, 57
Fujifilm Square ☂ 55
Fujinomiya-guchi 5. Station 87
Fuji-san 86
Fukagawa-Edo-Museum 42
Fukutoku-Schrein 65
Futarasan-Schrein 84
Gaien-Nishi Dori 41
Garden Place Tower ☂ 39
Geschirrladen Urikiri-ya 57
Ghibli-Museum (#) 67
Ginza ☂ 16
Ginza Place ☂ 17
Ginza Six 17
Google Earth 100
Gora 81
Grabmal Ieyasu Tokugawa 83
Großer Buddha (#) 74
Hachiko 36
Hachimangu-Schrein 73
Hakone 80
Hakone Museum of Art 81
Hakone-Freilichtmuseum 81
Hakone-Geomuseum 81
Hakone-Schrein (#) 80
Hakone-Yumoto 80
Hamamatsucho 12
Hama-Rikyu-Park (#) 15
Hanayashiki-Amusement-Park 51
Happo-en 49
Hara Museum of Contemporary Art 11

Harajuku 34
Harmonica Yokocho 66
Hase-dera-Tempel 74
Hatakeyama Museum of Fine Art 49
Hauptbahnhof 18
Hibiki Dynamic Kitchen & Bar 32
Hie-Schrein 46
Hikarie 🍧 31
Hikawa-Maru 68
Hillside Terrace Daikanyama 39
Hinokicho Park 55
Hokkaidostraße 82
Hokoku-ji-Tempel 73
Hokusai Museum (#) 60
Honda Welcome Plaza 🍧 55
Honmaru Garten 19
Honmaru Goten 79
Ichiban Gai Kawagoe (#) 78
Ichigaya-Bahnhof 47
Ichimarukyu – 109 Kaufhaus 37
Idemitsu Museum of Arts 🍧 18
Iemitsus Schrein 84
Iidabashi-Bahnhof 43, 53
Ikebukuro 28
Ikedayama-Park 49
Inokashira-Park 67
Ito-ya Ginza 16
Japan Trad. Crafts Aoyama Square 55
JCII-Kamera-Museum 47
Jimbocho 44
Jomyo-in-Tempel 25
Joypolis 58
Kabuki 🍧 17, 43, 47
Kagurazaka Dori 53
Kaiser Meiji 14, 23, 34
Kaiserpalast (#) 19
Kalligraphie 16, 49, 65
Kamakura 72
Kamakura Wakamiya-Oji 73
Kameido 61
Kameido-Tenjin-Schrein 61
Kamiyama Street 37
Kanda 44
Kanda-Myojin-Schrein (#) 45
Kanze Noh Theater 17
Kappabashi Dori 51
Kasuga-Bahnhof 52
Kasumigaseki 46
Katase-Enoshima-Bahnhof 74
Katase-Strand 75
Katsuobushi-Händler Ninben 🍧 65
Kawagoe 78

Kawagoe-Festival-Museum 79
Kawagoe-Stadtmuseum 79
Kawaguchi-See 87
Kegon-Wasserfall 85
Kencho-ji-Tempel 73
Kichijo-ji 66
Kichijo-ji Art Museum 67
Killer Dori Harajuku 35
Kimuraya Bäckerei 17
Kitain-Tempel 79
Kita-Kamakura-Bahnhof 72
Kita-Shinagawa-Brücke 11
KITTE-Gebäude 18
Kiyosumi-Garten (#) 42
Koishikawa Botanischer Garten 63
Koishikawa Korakuen (#) 53
Kokugikan 61
Kokyo Higashi-Koen 19
Komagome 62
Korakuen-Bahnhof 52
Koutoku-in-Tempel 74
Kyodonomori-Garten 77
Kyu Asakura House 39
Kyu-Furukawa-Garten 62
Kyu-Iwasaki-tei-Garten 23
Kyu-Shiba-Rikyu-Garten 13
Kyu-Yasuda-Garten 60
La Qua 52
Living Design Center Ozone 33
Love Hotels 37
Magnet by Shibuya 109 37
Magurodon Segawa 56
Maid Cafés 21
Mandarake 21
Mandarin Oriental Hotel 🍧 65
Manga 21, 29
Marunouchi Buildings 🍧 18
Matsuri 45, 46, 51, 61, 79, 88
Matsuya Ginza 🍧 17
Mega Web 59
Meguro 40
Meiji Jingu Gyoen 34
Meiji-Gakuin-Universität 48
Meiji-Schrein 34
Meijiza-Theater 43
Messerhändler Kiya 🍧 65
Messerhändler Masamoto 56
Midtown Tower 🍧 55
Militär-Museum (Yushukan) 47
Miraikan Innovations-Museum 58
Mitsukoshi 🍧 17, 38, 64
Mitsukoshimae-Bahnhof 65

Mitsuo Aida Museum ☂ 16
MODI Shibuya 37
Mori Art Museum ☂ 54
Morihachi Hompo 27
Mori-Ogai-Memorial-Museum 24
MUJI Ginza (Hauptgeschäft) 16
MUJI-Filiale 31, 37, 50
Mukojima-Hyakkaen-Garten 27
Museum of the Imperial Collections 19
Nakagin Capsule Tower 15
Nakamichi-dori 67
Nakamise Dori Asakusa 50
Nani-Nani-Gebäude 41
National Art Center Tokyo 55
National Museum of Western Art 22, 93
National Park for Nature Study 40
Nationalmuseum für Moderne Kunst 19
Nationaltheater 47
New York Grill – Park Hyatt Tokyo 33
Nezu-Museum (#) 30
Nezu-Schrein (#) 25
Nihombashi Mitsui Tower 65
Nihombashi-Brücke 64
Nijubashi (#) 19
Nikko 82
Nikon Salon ☂ 33
Ni-No-Maru Garten 19
Nippori 24
Nissan Crossing ☂ 17
NTT InterCommunication Center 33
NYK Maritime Museum 70
Oberster Gerichtshof 47
Ochanomizu 45
Odaiba 58
Odakyu Department Store Shinjuku 32
Oedo-Antikmarkt 16
Oedo-Onsen Monogatari 59
Old Shimbashi Station 14
Omoide Yokocho (#) 32
Omotesando 30, 35
Omotesando Hills 35
Onsen 59, 81, 85
Oriental Bazaar 35
Oshiage 26
Ote-mon, Ostgarten 19
Otome Road 29
Owakudani 81
Oyakodon Tamahide 43
Ozu-Washi 65
Panasonic Center Tokyo 58, 94
Panasonic Living Showroom ☂ 15
Papierhändler Takeo 45

Papierladen Isetatsu 24
Papierwarenhändler Haibara ☂ 64
PARCO 29, 36
Park Hyatt Tokyo 33
Parlament 46
Peak Lounge – Park Hyatt Tokyo 33
Planetarium Sunshine City 28
Pokémon Center 29
Prada Boutique Aoyama 30
Printing Museum Tokyo 53
Puppentheater Shokichi 25
Radio Center 20
Rainbow Bridge 58
Rathaus Tokio ☂ 33
Rikugien-Garten (#) 63
Rinno-ji-Tempel 84
Roppongi 54
Roppongi Hills (#) ☂ 54
Rouault Gallery Shiodome-Museum 15
Rühreibraterei Daisada 57
Ryogoku 60
Sakashita-mon 83
Sakuragicho-Bahnhof 70
Sanbutsu-do 84
Sanseido Bookstore 44
Science Museum 19
Sega Ikebukuro Gigo 28
Sega Joypolis 58
Seibu Department Store ☂ 29, 37
Senbei-Geschäft 25
Sengaku-ji-Tempel (#) 48
Senso-ji-Tempel (#) 50
Shelf Fotobuchladen 35
Shiba-Park 12
Shibuya 31, 36
Shibuya Koen Dori 37
Shibuya-Kreuzung (#) 36
Shimbashi 14
Shimbashi-Bahnhof, Historischer 14
Shinagawa-Bahnhof (#) 10
Shinagawa-Schrein 11
Shinjuku Park Tower 33
Shinjuku-Bahnhof 32
Shinkyo-Brücke 82
Shin-Nakamise Dori 51
Shinobazu-no-ike 23
Shiodome City Center ☂ 15
Shiraito-Wasserfall 87
Shirokanedai 48
Shitamachi Museum 23
Shitamachi Museum Annex 25
Shogunengräber 13

Shoyo-en (Garten) 84
Sky Circus Ikebukuro (#) 28
Soba-Restaurant Toshian 41
Sony ExploraScience 58
Sony Showroom ☂ 17
Soun-zan 81
Suitengumae 42
Suitengu-Schrein 42
Sumida-Fluss 27
Sumo-Museum 61
Sumo-Wettkämpfe 61
Sunroad Arcade 66
Sunshine City 28
Sunshine International Aquarium 28
Sunshine Theater 28
Suntory Museum of Art ☂ 55
Sushi Guide 100
Taiyu-in (Schrein von Iemitsu) 84
Takashimaya Times Square ☂ 33
Takeshita Dori Harajuku 35
Taro Okamoto Memorial Hall 31
Teeladen Jugetsudo 57
Teezeremonie 15, 49, 63, 73
Teien-Kunstmuseum (#) 40
Tenno-ji-Tempel 25
Tennozu-Isle 11
Tenoha Daikanyama 39
The Ad Museum Tokyo ☂ 15
The Conran Shop 33
The Japanese Sword Museum 61
Tobu Department Store ☂ 29
Tobu-Eisenbahn-Museum 27
Toguri Museum of Art 37
Tokaidostraße 10, 11, 64
Tokio Hauptbahnhof 18
Tokugawa-Shogune 13, 15, 83
Tokyo Big Sight 59
Tokyo City View 54
Tokyo Dome City 52
Tokyo International Exhibition Center 59
Tokyo International Forum ☂ 16
Tokyo Metropolitan Art Museum 22, 93
Tokyo Metropolitan Government ☂ 33
Tokyo Midtown ☂ 55
Tokyo National Museum 22
Tokyo Opera City 33
Tokyo Photographic Art Museum ☂ 38
Tokyo Radio Department Store 21
Tokyo Skytree (#) & Skytree Town ☂ 26
Tokyo Station Gallery ☂ 19
Tokyo Tower (#) 13
Tokyu Hands Ikebukuro 28
Tokyu Hands Shibuya 37
Tokyu Hands Shinjuku ☂ 33
Tokyu Plaza Ginza ☂ 17
Tokyu Plaza Omotesando (#) 34
Tonogayato- Garten 77
Toshogu-Schrein Nikko (#) 83
Toshogu-Schrein Ueno 23
Tower Records Shibuya 36, 37
Toyosu-Fischmarkt 57
Treasure Museum 35
Trommel-Museum 51
Tsukiji Hongan-ji 57
Tsukiji-Fischmarkt (#) 56
Tsukumo Robot Kingdom 21
Tsutaya Books T-Site 39
U-Bahn-Streckennetz 9
Ueno-Park (#) 23
Ueno-Zoo 23
Unagi Ichinoya 79
Uniqlo 17, 28, 50
Ushijima-jinja 27
Venus Fort 59
Vulkane 81, 86
Watarium Museum of Contemp. Art 35
World Trade Center Observatory 12
Yakushi-do (Tempel) 84
Yamanaka-See 86
Yamashita-Park (#) 69
Yanaka 24
Yanaka-Friedhof 25
Yanaka-Ginza 24
Yasukuni-Schrein 47
Yodobashi Camera ☂ 33, 66
Yokohama 68, 70
Yokohama Ausländerfriedhof 69
Yokohama Customs Museum 70
Yokohama Landmark Tower (#) 71
Yokohama Marine Tower 68
Yokohama Motomachi-Einkaufsstraße 69
Yokohama Museum of Art 71
Yokohama Queen's Square 71
Yokohama Red Brick Warehouse 70
Yokoyama Taikan Memorial Hall 23
Yomei-Mon 83
Yoyogi-Park 35
Yumoto Onsen 85
Yurakucho-Bahnhof 16
Yushima-Confucian-Schrein 45
Yushima-Tenjin-Schrein 45
Zazen-Training 30, 73
Zenkoku-ji-Tempel 53
Zojo-ji-Tempel (#) 12

Der Autor

Nachdem ich fünf Jahre als Ingenieur in Tokio gearbeitet habe und die Stadt in meiner Freizeit ausgiebig erforschte, wollte ich mein Wissen festhalten und es anderen Menschen mit diesem Tourenführer weitergeben. Zur Überarbeitung der 8. Auflage bin ich Ende 2018 erneut nach Tokio gereist, um den Buchinhalt zu aktualisieren, und Informationen für die einzelnen Kapitel zu finden. Ich hoffe, Sie haben genauso viel Freude, mit diesem Buch Tokio zu erleben, wie ich Freude hatte, das Buch zu schreiben. Besuchen Sie meine Foto-Webseite oder folgen Sie mir auf Facebook, Instagram und Twitter, wo ich Sie mit neuen Infos versorge.

Fotos: **www.tokyophoto.de**
Facebook: **Axel.Schwab.2**
Twitter: **@fugu_24**
Instagram: **fugu24**

Noch mehr Tipps

Kennen Sie den Ratgeber **»JAPAN spielend in 60 Schritten«** oder den Restaurantführer **»Genießen in Tokio: 100 Restaurants und Cafés«**? Letzterer ist der ideale Begleiter für Ihre kulinarischen Streifzüge in Tokio und eine gute Ergänzung zu diesem Buch. Die Kapitel orientieren sich an den Detailkarten der 20 beliebtesten Touren und beschreiben jeweils fünf Restaurants ausführlich mit Text und Farbfotos. **www.gomap.de/book**

Sie suchen die ideale **Karten-App** für die Reise oder möchten einige Touren schon zu Hause erleben? **www.gomap.de/kapp**

Wie Sie in Tokio immer gut und günstig ins **Internet** kommen, habe ich hier ausführlich beschrieben: **www.gomap.de/wifi**

Regelmäßige Updates zum diesem Buch finden Sie hier: **www.gomap.de/tupd**

Danksagung

Für die Korrektur dieses Buches möchte ich mich bei meinem Bruder Markus und Satoko Loidl recht herzlich bedanken.

In Japan bedanken möchte ich mich bei Toki und Non Sasaki, Hideyuki und Junko Nebiya, Yasuhisa und Noriko Nakajima sowie Tadashi und Hiromi Ohori. Besonderer Dank geht an Hiromi Waldenberger sowie Akito Tadokoro, Asuka Kondo und Soko Shimizu vom Tokyo Convention & Visitors Bureau.

Ich danke allen Japanern, denen ich beim Reisen begegnete und die mir gegenüber immer freundlich und hilfsbereit waren.

Ein herzliches Dankeschön geht an alle Leser für die vielen positiven Rückmeldungen und hilfreichen Rezensionen. Ihre konstruktive Kritik unterstützt mich sehr dabei, dieses Buch mit jeder neuen Auflage noch besser zu machen. Sie können mir jederzeit eine E-Mail schreiben. **tokio@axelschwab.de**

CPSIA information can be obtained
at www.ICGtesting.com
Printed in the USA
BVHW031754070519
547471BV00035B/254/P